큰 그림과 큰 글씨로 눈이 편하게!

쓱싹 시리즈 18

쓱싹 하고 배우는

한글 2020

★ 저자 김재연 ★

YoungJin.com Y.
영진닷컴

뚝 하고 싹 배우는 한글2020

B-1001, Gab-eul Great Valley, 32, Digital-ro 9-gil, Geumcheon-gu, Seoul, Republic of Korea

All rights reserved. First published by Youngjin.com. in 2024. Printed in Korea

저작권법에 의해 한국 내에서 보호를 받는 저작물이므로 무단 전재와 복제를 금합니다.

ISBN 978-89-314-7749-8

독자님의 의견을 받습니다

이 책을 구입한 독자님은 영진닷컴의 가장 중요한 비평가이자 조언가입니다. 저희 책의 장점과 문제점이 무엇인지, 어떤 책이 출판되기를 바라는지, 책을 더욱 알차게 꾸밀 수 있는 아이디어가 있으면 이메일, 또는 우편으로 연락주시기 바랍니다. 의견을 주실 때에는 책 제목 및 독자님의 성함과 연락처(전화번호나 이메일)를 꼭 남겨 주시기 바랍니다. 독자님의 의견에 대해 바로 답변을 드리고, 또 독자님의 의견을 다음 책에 충분히 반영하도록 늘 노력하겠습니다.

이메일 : support@youngjin.com

주 소 : 서울특별시 금천구 디지털로9길 32 갑을그레이트밸리 B동 1001호

등 록 : 2007. 4. 27. 제16-4189호

STAFF

저자 김재연 | **기획** 기획 1팀 | **총괄** 김태경 | **진행** 김연희 | **디자인** 박지은 | **편집** 강민정

영업 박준용, 임용수, 김도현 | **마케팅** 이승희, 김근주, 김도연, 김민지, 김진희, 이현아 | **제작** 황장협 | **인쇄** 제이엠

이 책은요!

다양한 문서 작업을 통해
한글 2020 기본 기능을 익혀봐요!

❶ POINT

챕터에서 배우게 될 내용을 간략하게 소개해요.

❷ 완성 화면 미리 보기

챕터에서 배우게 되는 예제의 완성된 모습을 미리
만나요.

❸ 여기서 배워요!

어떤 내용을 배울지 간략하게 살펴봐요. 배울 내용을
미리 알아 두면 훨씬 쉽고 재미있게 배울 수 있어요.

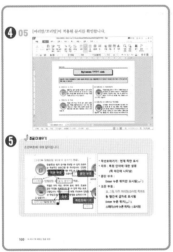

❹ STEP

예제를 하나하나 따라 하면서 본격적으로 기능을
익혀 봐요.

❺ 조금 더 배우기

본문에서 설명하지 않은 내용 중 중요하거나
알아 두면 좋을 내용들을 알 수 있어요.

❻ 혼자서도 만들 수 있어요!

챕터에서 배운 내용을 연습하면서 한 번 더 기능을
숙지해 봐요.

❼ HINT

문제를 풀 때 참고할 내용을 담았어요.

이 책의 목차

쓱 하고 싹 배우는
한글 2020

한글 2020 살펴보기

POINT

한글 2020은 한글과컴퓨터에서 개발한 문서 작성 프로그램입니다. 한글 2020 화면 구성과 기능에 대해 알아봅니다.

▍완성 화면 미리 보기

▍여기서 배워요!

한글 2020 시작하기, 기본 화면 구성 살펴보기, 새 기능 알아보기

한글 2020 시작하기

01 [시작] 버튼을 클릭한 후 [한글 2020]을 클릭합니다.

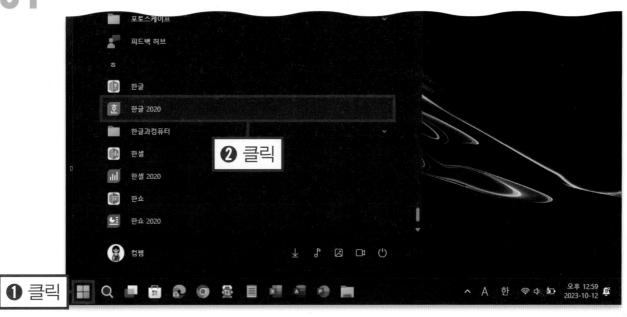

조금 더 배우기

바탕화면에 [한글 2020]이 있다면 더블 클릭합니다.

02 [새 문서]를 클릭합니다.

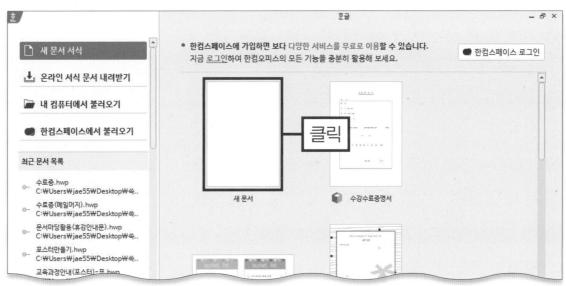

조금 더 배우기

[새 문서]로 바로 시작하고 싶다면 [다시 표시 안 함]을 체크합니다.

한글 2020 기본 화면 구성 살펴보기

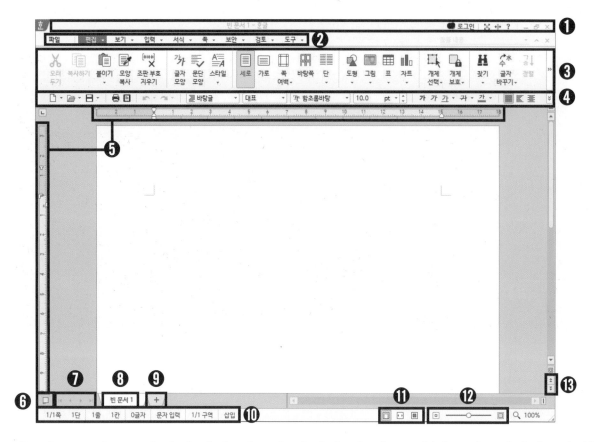

❶ **제목 표시줄** : 문서의 저장 경로와 파일명 및 창 조절(최소화, 최대화, 닫기) 버튼 등으로 구성되어 있습니다. 새 문서는 '빈 문서1', '빈 문서 2'로 표시됩니다.

❷ **메뉴 탭** : 다양한 메뉴들이 탭으로 구성되어 있습니다.

❸ **기본 도구 상자** : 각 메뉴에서 자주 사용하는 기능을 그룹으로 묶어 표시합니다. 도형, 차트, 그림, 표, 글맵시 등 상황에 따라 개체 도구 탭이 나타납니다.

❹ **서식 도구 상자** : 문서 편집을 빠르게 할 수 있도록 자주 사용하는 기본 서식을 표시합니다.

❺ **눈금자** : 개체 크기 및 맞춤할 때 편리하게 사용합니다.

❻ **문서 탭 목록** : 사용하고 있는 문서 탭을 확인 및 이동합니다.

❼ **탭 이동 아이콘** : 여러 문서 탭이 열려 있을 때 처음/이전/다음/마지막 탭으로 이동합니다.

❽ **문서 탭** : 작업 중인 문서의 제목이 표시됩니다. 저장하지 않은 파일은 '빈 문서1', '빈 문서2'로 표시됩니다.

❾ **새 탭** : 새 문서를 탭으로 삽입합니다.

❿ **상황 선** : 마우스가 위치한 곳의 정보나 편집 창의 상태 등을 보여 줍니다.

⓫ **보기 선택 아이콘** : [쪽 윤곽], [폭 맞춤], [쪽 맞춤] 형식으로 문서를 확인합니다.

⓬ **확대/축소 아이콘** : 화면 보기 비율을 조절합니다.

⓭ **쪽 이동 단추** : 쪽을 이동합니다.

조금 더 배우기

[보기] 탭의 [목록 단추]–[도구 상자], [작업 창], [문서 창]의 메뉴를 사용 여부에 따라 선택 해제할 수 있습니다.

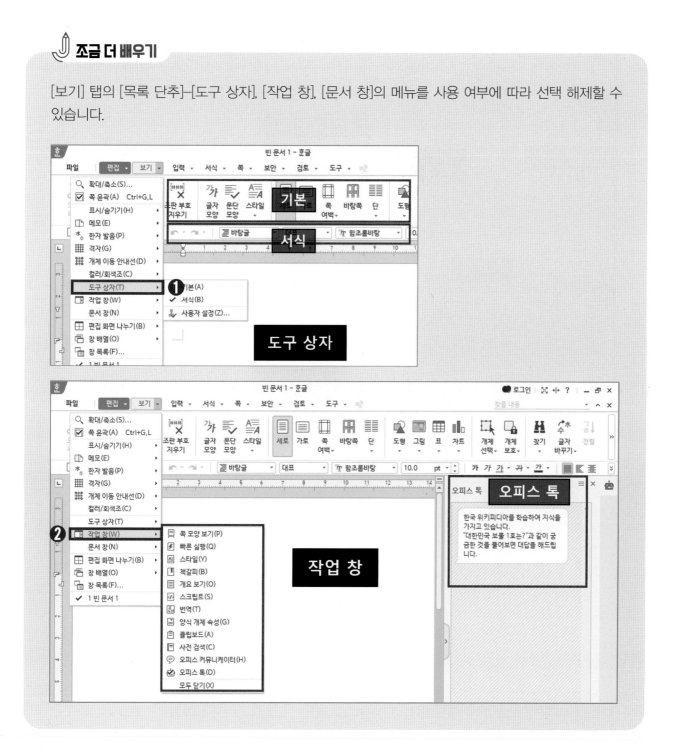

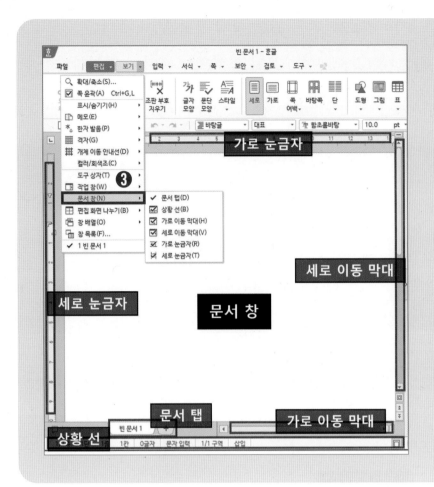

STEP 03 한글 2020 새로운 기능 알아보기

▌ '한글 2020의 새로운 기능' PDF 파일을 한글 문서로 변환하여 확인합니다.

❶ [편집]−[PDF를 오피스 문서로 변환하기]를 차례대로 클릭합니다.

❷ 'PDF를 오피스 문서로 변환하기' 대화상자에서 [한글 2020의 새로운 기능.pdf] 파일을 선택합니다.

❸ [열기]를 클릭합니다.

❹ 시간 소요 안내 메시지 상자가 나옵니다. [확인]을 클릭합니다.

❺ 한글로 변환된 [한글 2020의 새로운 기능] 내용을 확인합니다.

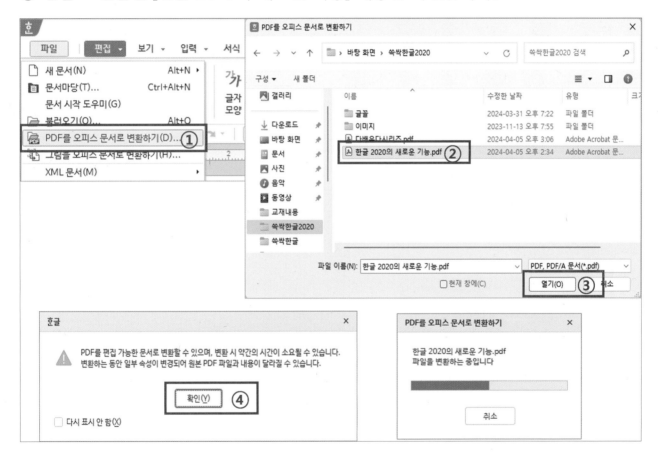

▌ 그림에 있는 글자 가져오기

❶ [그림]-[목록 단추]-[그림에서 글자 가져오기]를 차례대로 클릭합니다.

❷ '그림에서 글자 가져오기' 대화상자가 나타나면 [+추가]를 클릭합니다.

❸ [텍스트화.jpg] 파일을 선택한 후 [열기]를 클릭합니다.

❹ '그림에서 글자 가져오기' 대화상자에 파일이 등록되었다면 [확인]을 클릭합니다.

❺ '글자 가져오기' 대화상자가 나타나면 [확인]을 클릭합니다.

❻ [편집]-[붙이기]를 차례대로 클릭합니다. 내용을 확인합니다.

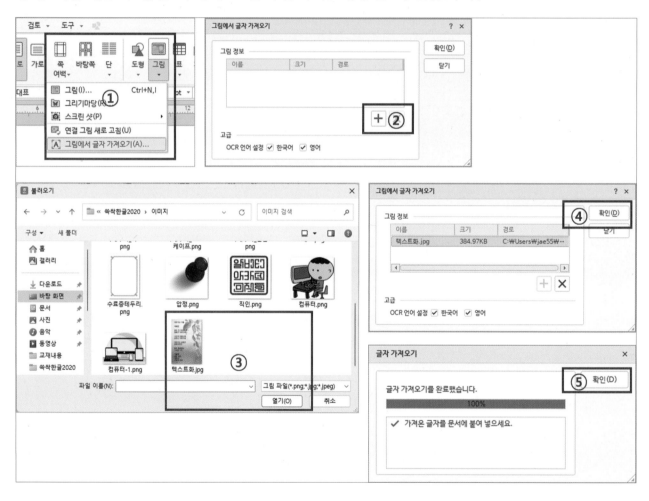

02 새 문서 작성하고 저장하기

문서 작성 시작 전에 편집 용지를 설정하는 방법과 문서를 작성하여 저장하고 불러오는 방법을 알아봅니다.

▌완성 화면 미리 보기

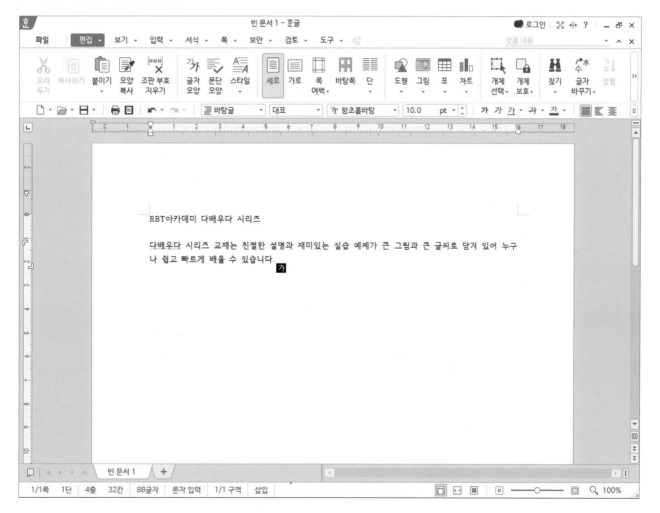

▌여기서 배워요!

편집 용지 설정하기, 새 문서 작성하기, 저장하기, 불러오기

편집 용지 설정하여 새 문서 작성하기

01 [한글 2020]을 실행합니다. [쪽] 탭의 [목록 단추]–[편집 용지]를 차례대로 클릭합니다.

👆 **조금 더 배우기**

[편집 용지] 설정의 단축키는 F7 입니다.

02 '편집 용지' 대화상자가 나타나면 [기본] 탭에서 '용지 방향' [세로], '위쪽' [20mm], '아래쪽' [15mm], '머리말'과 '꼬리말' [10mm], '왼쪽'과 '오른쪽' [25mm]를 입력한 후 [설정]을 클릭합니다.

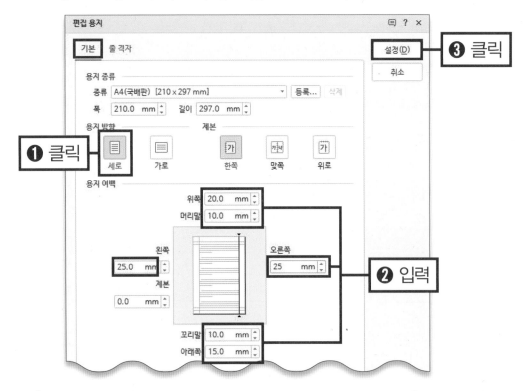

👆 **조금 더 배우기**

[도구] 탭의 [목록 단추]–[환경 설정]–[새 문서] 탭에서 여백을 입력하면 한글 2020을 실행하여 바로 적용할 수 있습니다.

03 아래 화면을 참고하여 내용을 입력합니다.

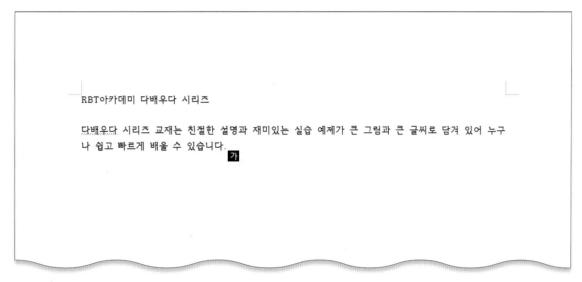

문서 저장하기

01 [서식 도구 상자]의 [저장](□)을 클릭합니다. '다른 이름으로 저장하기' 대화상
자에서 저장할 폴더를 선택하고 파일 이름을 입력한 후 [저장]을 클릭합니다.

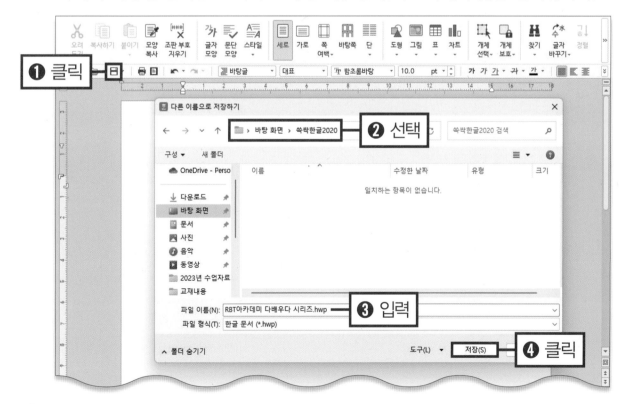

🖉 **조금 더 배우기**

[파일] 메뉴의 [저장하기]를 클릭해도 됩니다.

02 [한글 2020]을 종료하기 위해 [파일] 메뉴의 [끝]을 클릭하거나 [닫기](X)를 클릭합니다.

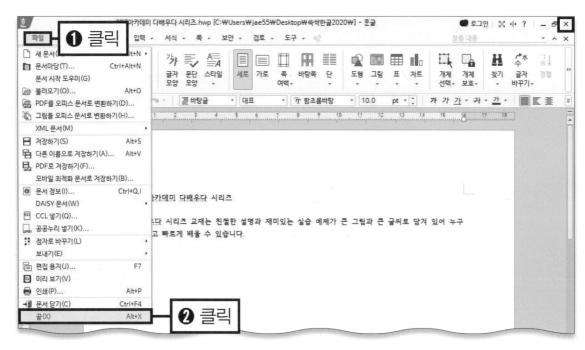

STEP 03 문서 불러오기

01 [파일] 메뉴의 [불러오기] 또는, [서식 도구 상자]의 [불러오기](📁)를 클릭합니다.

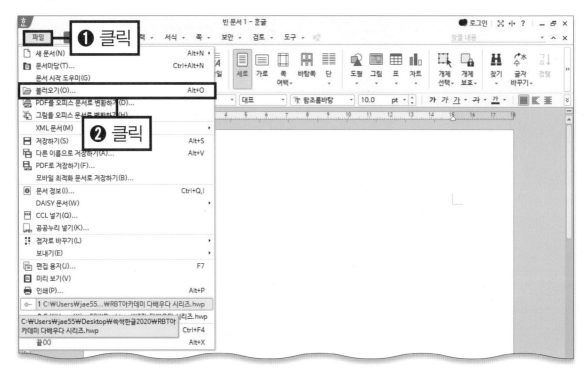

[파일] 메뉴 하단의 최근 문서를 클릭하여도 됩니다. [도구] 탭의 [목록 단추]─[환경 설정]─[편집] 탭에서 최근 문서 표시 여부를 설정할 수 있습니다.

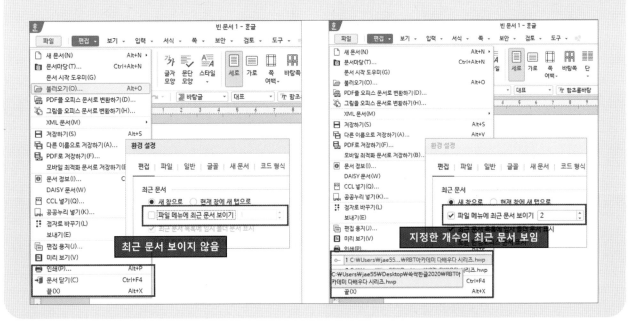

02 '불러오기' 대화상자가 나타나면 파일이 있는 폴더를 선택한 후 [2장_다배우다 시리즈.hwp] 파일을 클릭합니다. [열기]를 클릭합니다. 불러오기한 문서를 확인합니다.

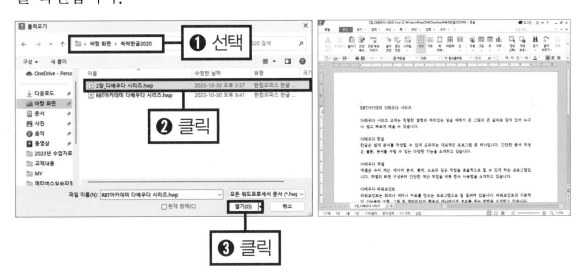

혼자서도 만들 수 있어요!

1 새 문서에 아래 화면을 참고하여 '애국가 가사'를 입력합니다.

hint 1절까지만 입력해도 됩니다.

2 [애국가]를 저장합니다.

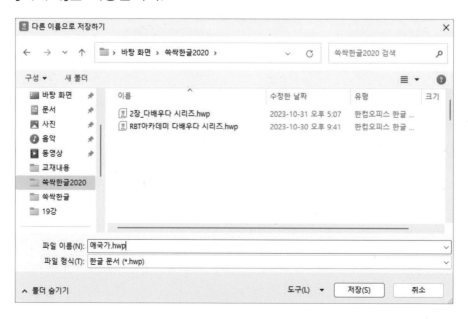

hint [서식 도구 상자]-[저장] 클릭

한자와 특수문자
사용하기

POINT

문서에 특수문자를 입력하고 글자를 겹치는 방법, 한글을 한자로 변환하는 방법을 알아봅니다.

▌완성 화면 미리 보기

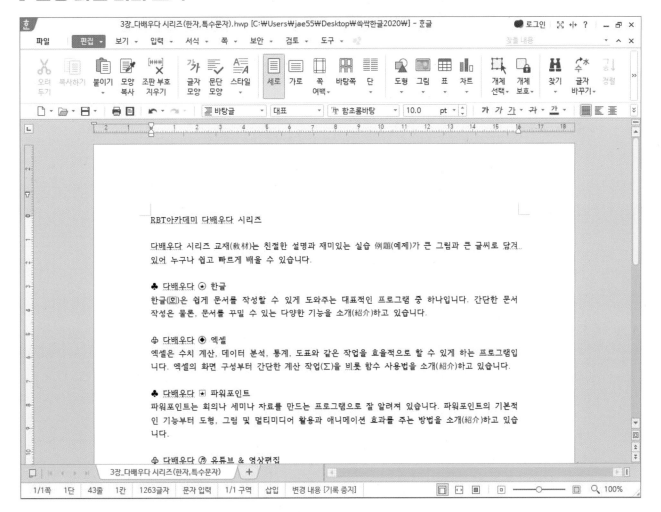

▌여기서 배워요!

한자 바꾸기, 문자표 활용하기, 글자겹치기 사용하기

01 [예제 파일] 폴더에서 [03장_다배우다 시리즈.hwp] 파일을 불러옵니다. 한자로 변환할 단어 '교재'를 드래그하여 블록 설정합니다. 키보드의 [한자] 버튼을 누릅니다.

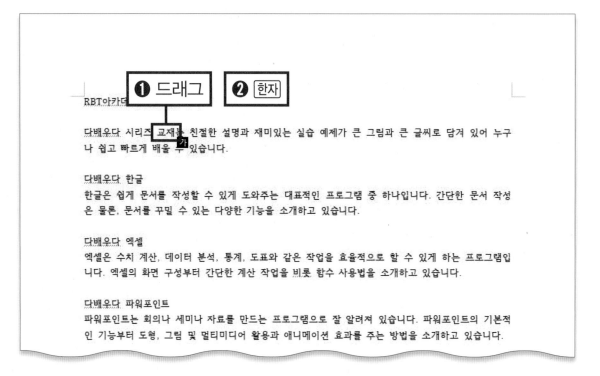

02 '한자로 바꾸기' 대화상자가 나타나면 [한글(漢字)]를 선택한 후 [바꾸기]를 클릭합니다.

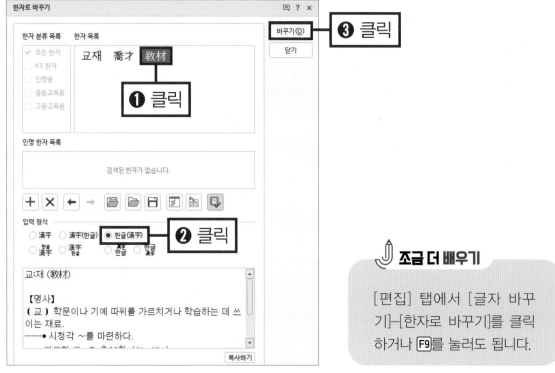

> 🎣 **조금 더 배우기**
>
> [편집] 탭에서 [글자 바꾸기]-[한자로 바꾸기]를 클릭하거나 [F9]를 눌러도 됩니다.

03 같은 단어를 빠르게 한자로 변환하기 위해 [편집] 탭을 클릭한 후 [찾기]-[찾아 바꾸기]를 차례대로 클릭합니다.

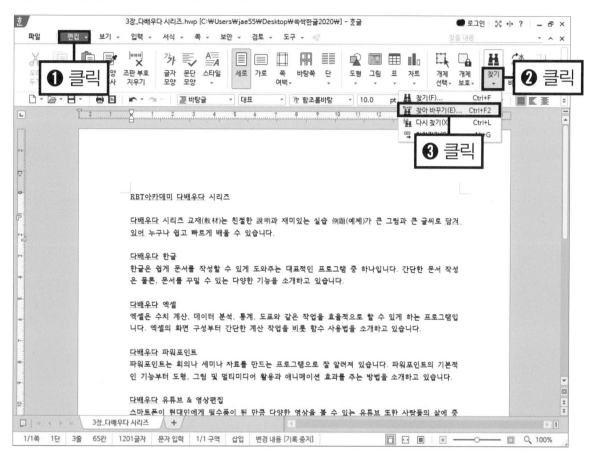

04 '찾아 바꾸기' 대화상자가 나타나면 '찾을 내용'에 '소개'를 입력하고 '바꿀 내용'에 '소개(紹介)'를 입력한 후 [모두 바꾸기]를 클릭합니다. '바꾸기를 8번 했습니다.' 메시지 상자가 나타납니다. [확인]을 클릭합니다.

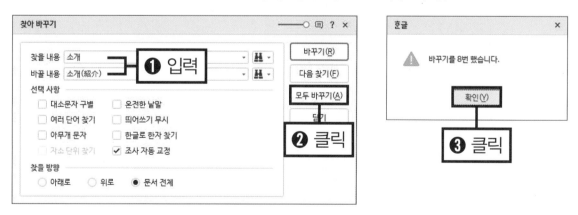

🖋 **조금 더 배우기**

[바꿀 내용]에 '소개'를 입력한 후 한자 버튼을 눌러 [한글(漢字)]로 변환합니다.

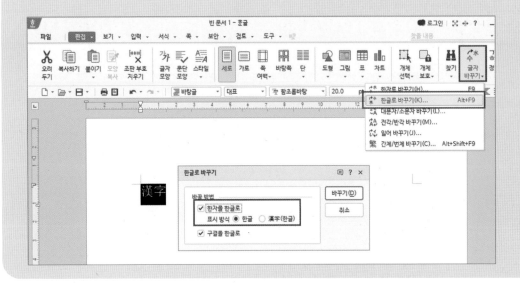

STEP 02 특수문자 입력하기

01 '다배우다 한글' 시리즈명 앞에 커서를 위치시킨 후 [입력]의 [목록 단추]-[문자표]를 차례대로 클릭합니다.

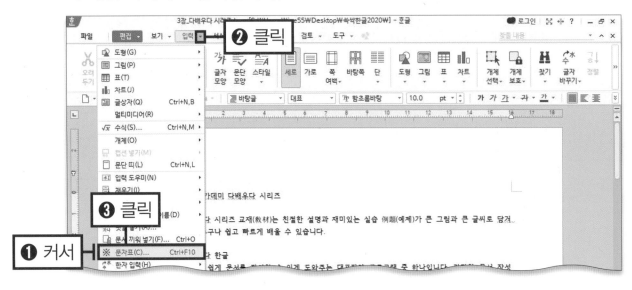

02 '문자표' 대화상자가 나타나면 [한글(HNC) 문자표] 탭을 클릭한 후 '문자 영역'에서 [전각 기호(일반)]을 선택합니다. [♣]를 선택한 다음 [넣기]를 클릭합니다.

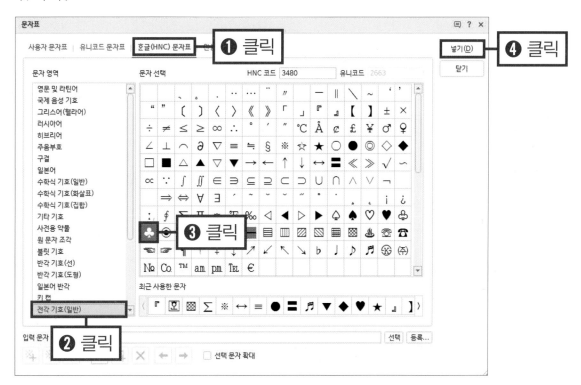

03 다른 시리즈명 앞에도 동일한 방법으로 문자표를 입력해 봅니다.

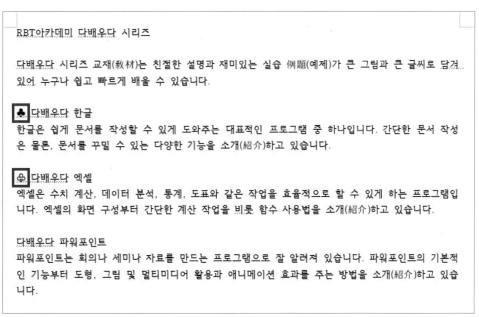

🍂 **조금 더 배우기**

수정된 파일을 다르게 저장하고 싶다면 [파일]–[다른 이름으로 저장]을 클릭합니다. [저장](🖫)을 클릭하면 원본 파일에 저장됩니다.

글자 겹치기 사용하기

01 '다배우다 한글' 과목명 '한글' 앞에 커서를 둡니다. [입력] 탭의 [목록 단추]를 클릭하고 [입력 도우미]-[글자 겹치기]를 차례대로 클릭합니다.

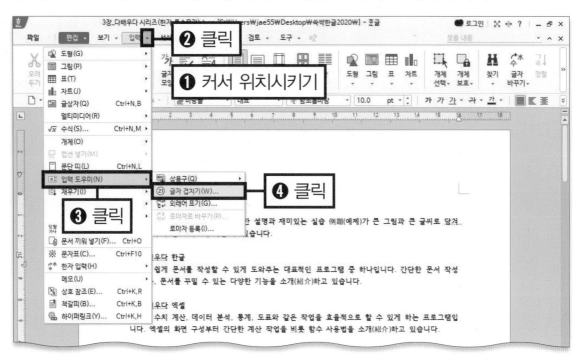

02 '글자 겹치기' 대화상자가 나타나면 '겹쳐 쓸 글자' 란에 마우스 오른쪽 버튼을 누른 후 [문자표]를 클릭합니다.

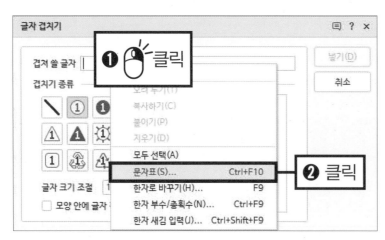

03 '문자표' 대화상자가 나타나면 [한글(HNC) 문자표] 탭을 클릭한 후 '문자 영역'에서 [전각 기호(일반)]을 선택합니다. [★]을 선택한 다음 [넣기]를 클릭합니다.

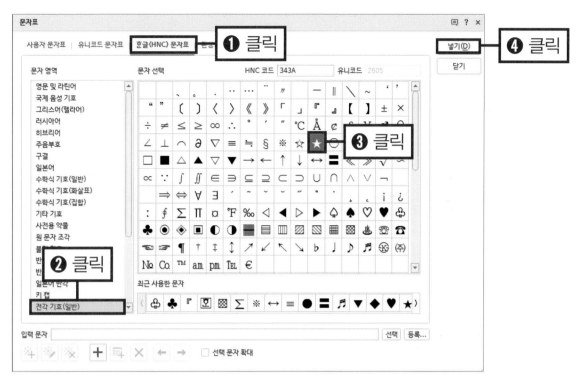

조금 더 배우기

[유니코드 문자표] 탭-[문자 영역]의 [여러 가지 기호]에서 [★]을 선택할 수도 있습니다.

04 '글자 겹치기' 대화상자에 ①과 [★]이 겹쳐진 ⊛을 확인한 후 [넣기]를 클릭합니다.

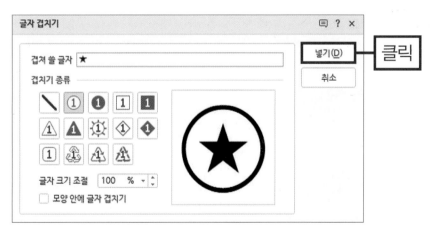

조금 더 배우기

'겹치기 종류'에서 ◻를 선택하였다면 '겹쳐 쓸 글자' 란에 [ㅇ]와 [★]을 직접 입력합니다. 단, 모양 안에 글자 겹치기를 선택해야 합니다.

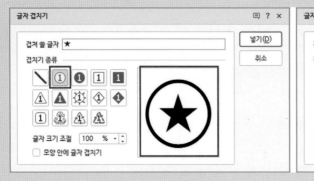 

05 다른 과목명 앞에도 동일한 방법으로 입력합니다. 전체 내용을 확인합니다.

RBT아카데미 다배우다 시리즈

다배우다 시리즈 교재(敎材)는 친절한 설명과 재미있는 실습 例題(예제)가 큰 그림과 큰 글씨로 담겨 있어 누구나 쉽고 빠르게 배울 수 있습니다.

♣ 다배우다 ⊛ 한글
한글(圓)은 쉽게 문서를 작성할 수 있게 도와주는 대표적인 프로그램 중 하나입니다. 간단한 문서 작성은 물론, 문서를 꾸밀 수 있는 다양한 기능을 소개(紹介)하고 있습니다.

♣ 다배우다 ◈ 엑셀
엑셀은 수치 계산, 데이터 분석, 통계, 도표와 같은 작업을 효율적으로 할 수 있게 하는 프로그램입니다. 엑셀의 화면 구성부터 간단한 계산 작업(Σ)을 비롯 함수 사용법을 소개(紹介)하고 있습니다.

♣ 다배우다 ⊠ 파워포인트
파워포인트는 회의나 세미나 자료를 만드는 프로그램으로 잘 알려져 있습니다. 파워포인트의 기본적인 기능부터 도형, 그림 및 멀티미디어 활용과 애니메이션 효과를 주는 방법을 소개(紹介)하고 있습니다.

♣ 다배우다 ⑰ 유튜브 & 영상편집

혼자서도 만들 수 있어요!

1 [2장_혼자해보기(애국가).hwp] 파일을 불러오기합니다.

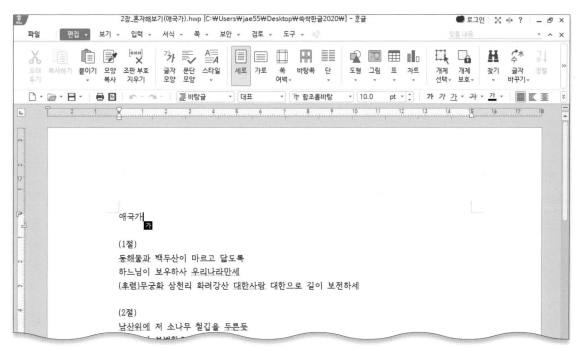

hint [서식 도구 상자]-[열기]를 클릭

2 아래 화면을 참고하여 한자와 특수문자를 입력합니다.

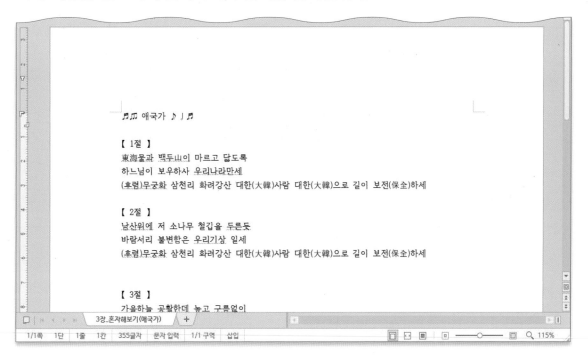

hint [문자표]-[기타 기호] / [전각기호(일반)], 한자 단축키 이용

04 글자 모양 적용하기

글꼴, 글자 크기, 글자색을 비롯하여 글자 위치, 자간 등 다양한 글자 모양의 기능을 알아봅니다.

▌완성 화면 미리 보기

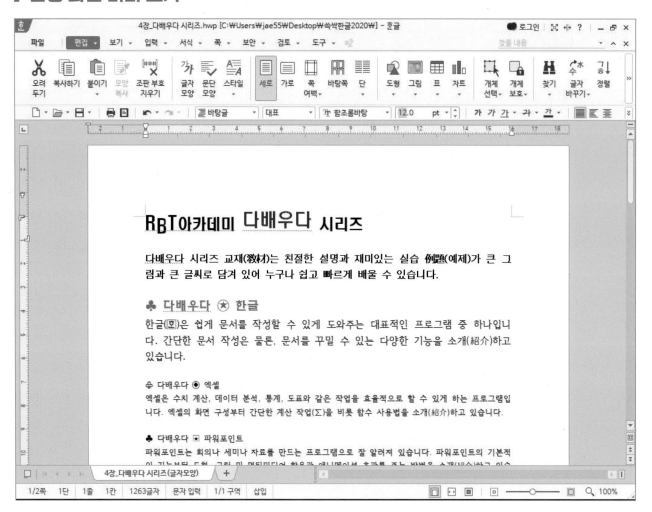

▌여기서 배워요!

글자 모양 적용하기

개요 글자 꾸미기

01 [04장_다배우다 시리즈.hwp] 파일을 불러옵니다. 제목 아래 개요 단락을 블록 설정한 후 [서식] 탭의 [목록 단추]–[글자 모양]을 차례대로 클릭합니다.

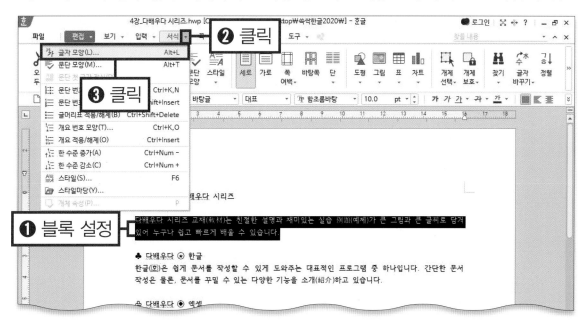

조금 더 배우기

글자 모양 단축키는 Alt + L 입니다.

02 '글자 모양' 대화상자가 나타나면 '기준 크기'는 [12pt]로 선택하고 '글꼴'은 [돋움]을 선택합니다. '속성'은 [진하게]를 클릭한 후 [설정]을 클릭합니다.

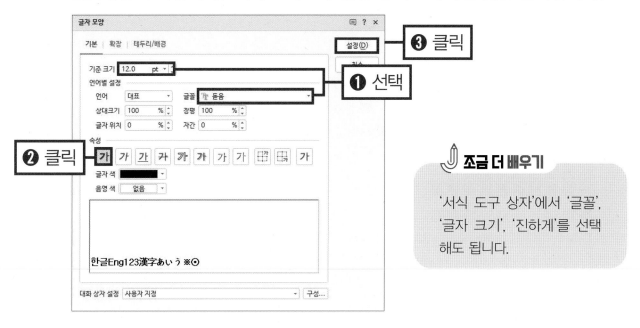

조금 더 배우기

'서식 도구 상자'에서 '글꼴', '글자 크기', '진하게'를 선택해도 됩니다.

03 '♣ 다배우다 ✪ 한글'을 블록 설정한 후 [서식] 탭의 [목록 단추]-[글자 모양]을 클릭합니다. '글자 모양' 대화상자가 나타나면 '기준 크기'는 [15pt], '글꼴'은 [양재참숯체B]를 선택합니다. '글자 색'은 [하늘색]을 선택한 후 [설정]을 클릭합니다.

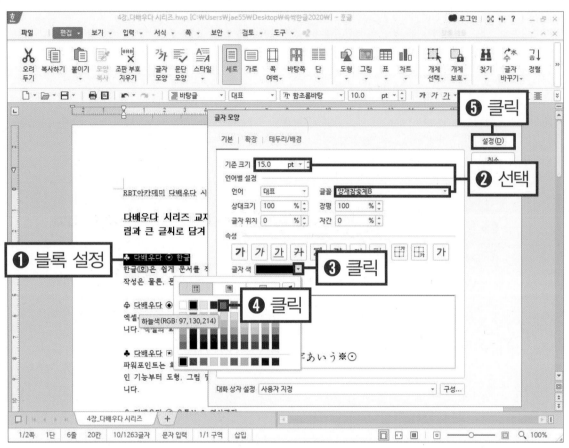

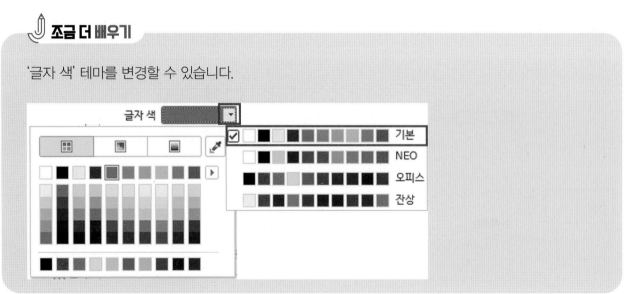

조금 더 배우기

'글자 색' 테마를 변경할 수 있습니다.

제목 글자 꾸미기

01 제목 'RBT아카데미 다배우다 시리즈'를 블록 설정한 다음 마우스 오른쪽 버튼을 누른 후 메뉴 목록에서 [글자 모양]을 클릭합니다. '글자 모양' 대화상자가 나타나면 '기준 크기'는 [18Pt], '글꼴'은 [HY헤드라인M]을 선택합니다.

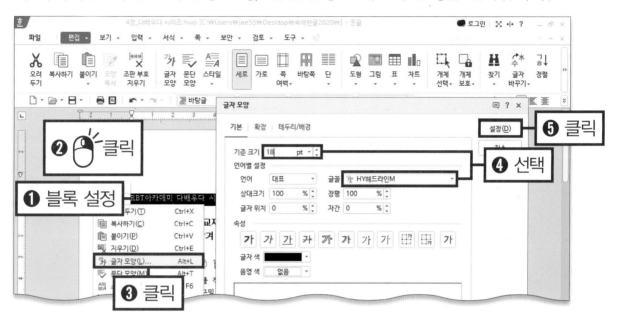

02 이번에는 제목의 'RBT'만 블록 설정한 다음 마우스 오른쪽 버튼을 누른 후 메뉴 목록에서 [글자 모양]을 클릭합니다. '글자 모양' 대화상자가 나타나면 '상대크기'를 [120%], '자간'을 [10%]로 선택한 후 [설정]을 클릭합니다.

 **조금 더 배우기**

'상대크기'는 글자 크기의 비율로 나타납니다.

03 'RBT'의 'B'만 블록 설정한 후 [Alt]+[L]을 누릅니다. '글자 모양' 대화상자가 나타나면 '글자 위치'를 [20%]로 변경하고 [설정]을 클릭합니다.

📎 **조금 더 배우기**

'글자 위치'의 값이 '+'이면 글자가 아래로 내려가고 '−'이면 글자가 위로 올라갑니다.

04 제목의 '다배우다'를 블록 설정한 후 [Alt]+[L]을 누릅니다. '글자 모양' 대화 상자가 나타나면 '상대크기'를 [120%], '글자 위치'를 [−20%]로 변경합니다. '글자 색'은 [보라(RGB:157,92,187) 25% 더 어둡게]로 선택하고 [설정]을 클릭합니다.

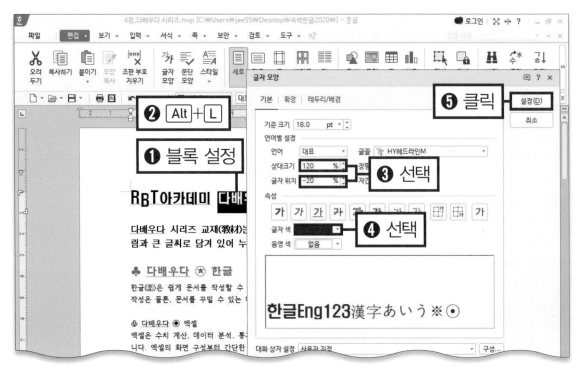

본문 글자 꾸미기

01 시리즈 본문 내용을 블록 설정한 후 [서식 도구 상자]의 '글꼴크기'를 [12pt]로 변경합니다.

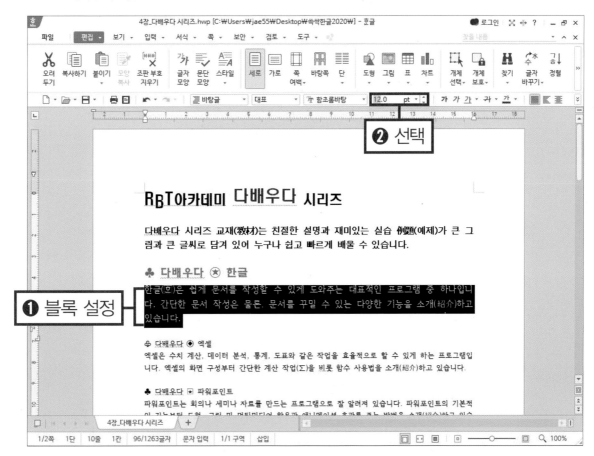

02 글자 모양이 적용된 문서를 확인합니다.

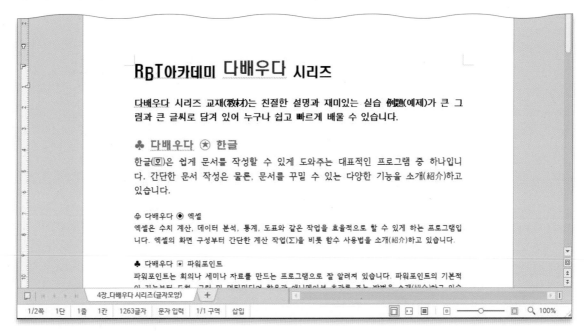

CHAPTER 05

문단 모양 적용하기

POINT

문단 정렬, 여백, 테두리 등 문단 모양의 기능과 적용한 서식을 빠르게 복사하는 방법을 알아 봅니다.

▌완성 화면 미리 보기

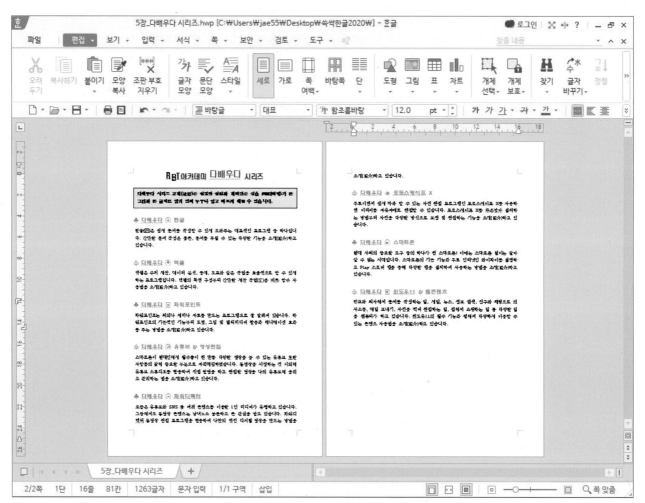

▌여기서 배워요!

문단 모양 적용하기, 모양 복사 이용하기

문단 모양 적용하기

01 예제 파일 [05장_다배우다 시리즈.hwp]를 불러옵니다. 제목 안에 커서를 두 거나 블록 설정한 후 '서식 도구 상자'의 [가운데 정렬]을 클릭합니다.

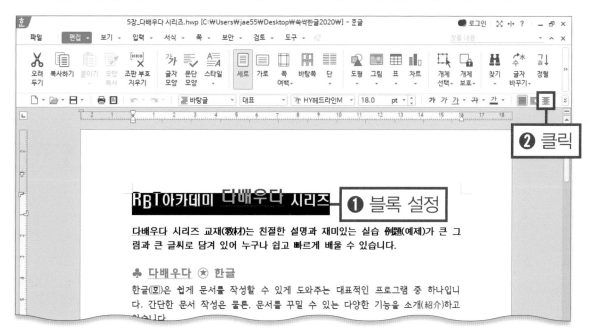

02 개요 문단을 블록 설정한 후 [서식] 탭의 [목록 단추]-[문단 모양]을 클릭합 니다.

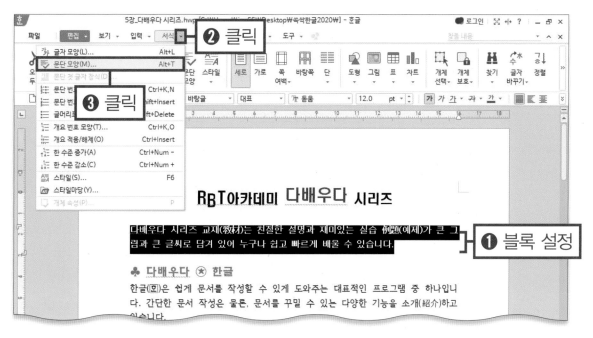

🖊 조금 더 배우기

'문단 모양' 단축키는 Alt + T 입니다.

03 '문단 모양' 대화상자의 [기본] 탭에서 '여백'의 '왼쪽'과 '오른쪽'을 각각 [10pt]로 변경합니다. '간격'의 '문단 위'와 '문단 아래'를 각각 [5pt]로 변경한 후 [테두리/변경] 탭을 클릭합니다.

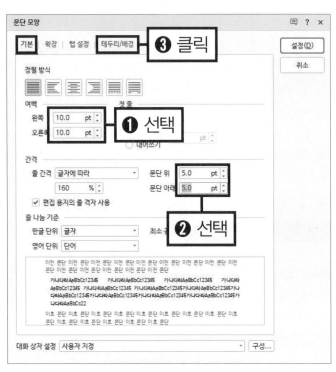

04 '테두리'의 '종류'를 [실선]으로 선택한 후 [모두](⊡)를 선택합니다. '배경'의 '면 색'을 [하늘색(RGB: 97,130,214) 80% 밝게]로 선택하고 '간격'의 '위쪽'을 [2mm]로 변경한 후 [설정]을 클릭합니다.

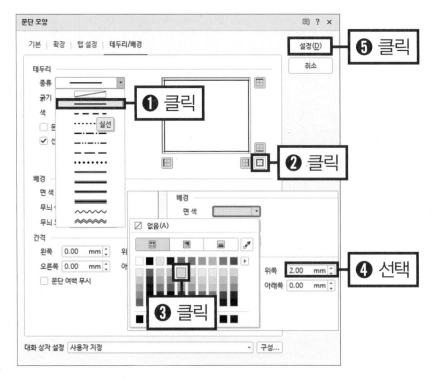

05 '♣ 다배우다 ☉ 한글' 문단을 블록 설정하고 마우스 오른쪽 버튼을 누른 후 메뉴 목록에서 [문단 모양]을 클릭합니다. '간격'의 '문단 위'를 [10pt], '문단 아래'를 [5pt]로 변경한 후 [설정]을 클릭합니다.

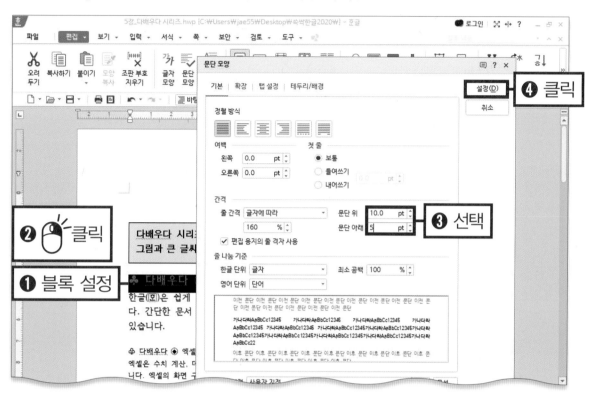

06 내용을 블록 설정한 후 Alt + T 를 누릅니다. '문단 모양' 대화상자가 나타나면 '여백'의 '왼쪽'을 [5pt]로 변경한 후 [설정]을 클릭합니다.

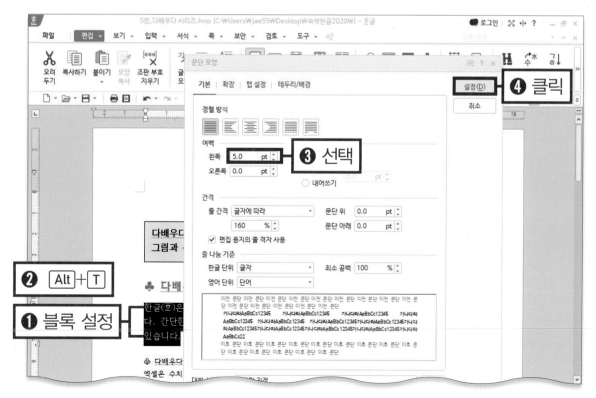

01 시리즈명의 글자와 문단 모양의 서식을 복사하기 위해 '♣ 다배우다 ⊛ 한글' 에 커서를 두고 [편집] 탭에서 [모양 복사]를 클릭합니다. '모양 복사' 대화상 자가 나타나면 [글자 모양과 문단 모양 둘 다 복사]를 선택한 후 [복사]를 클 릭합니다.

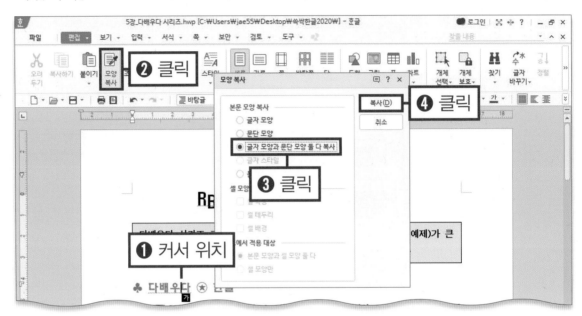

🔖 **조금 더 배우기**

'모양 복사' 단축키는 Alt + C 입니다. '모양 복사'는 서식 복사입니다.

02 복사를 적용할 시리즈명을 각각 블록 설정한 후 [편집] 탭에서 [모양 복사]를 클릭하여 서식을 적용합니다.

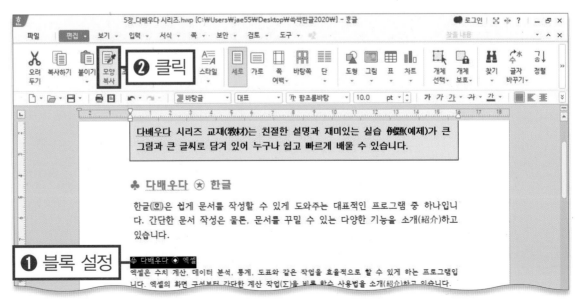

03 시리즈 설명 '한글..' 문단에 커서를 두고 Alt + C를 누릅니다. '모양 복사' 대화상자가 나타나면 [글자 모양과 문단 모양 둘 다 복사]를 선택한 후 [복사]를 클릭합니다.

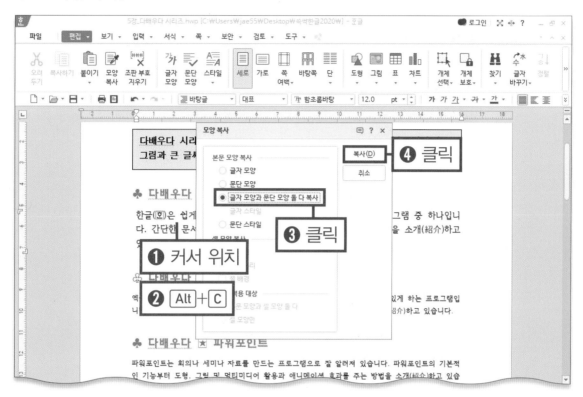

04 복사를 적용할 내용을 각각 블록 설정한 후 Alt + C를 눌러 서식을 적용합니다.

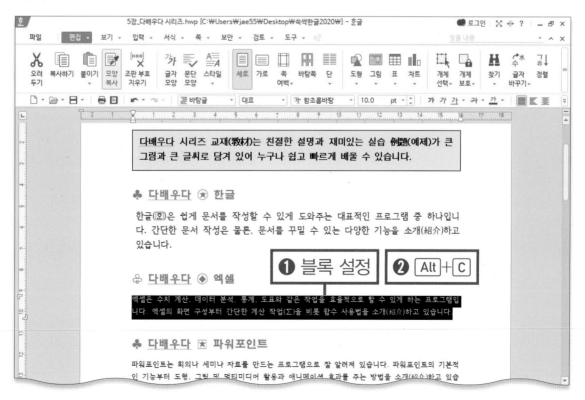

05 화면 아래 [확대/축소](🔍 100%)를 클릭한 후 [쪽 맞춤]-[설정]을 차례대로 클릭합니다.

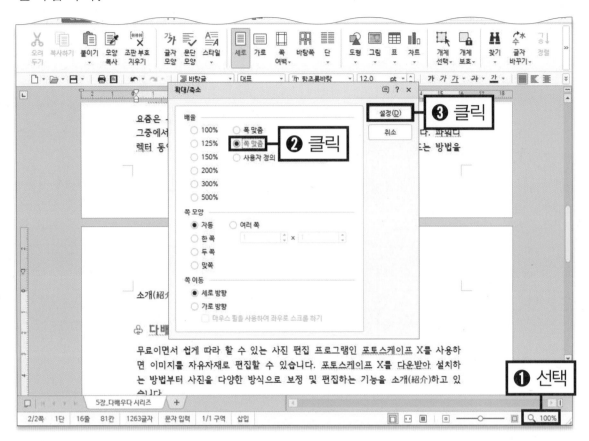

06 문단 모양 서식이 적용된 전체 문서를 확인합니다.

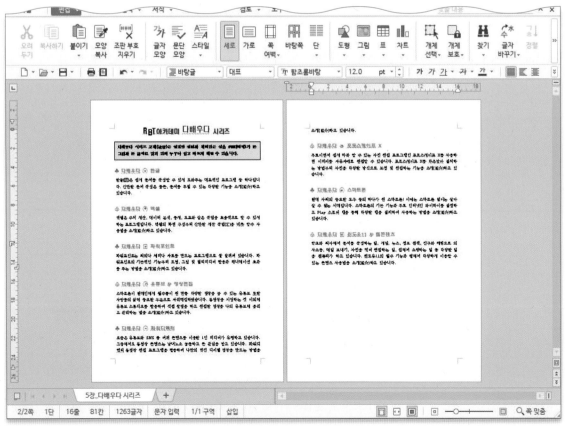

조금 더 배우기

화면 확대/축소 배율을 알아봅니다. Ctrl+마우스 휠을 사용합니다. 단, 폭(쪽) 맞춤은 [보기] 탭 메뉴 또는 상황선 메뉴의 아이콘을 클릭해야 합니다.

• 확대/축소 배율

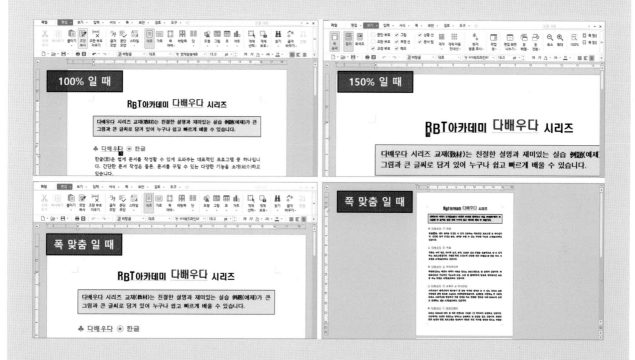

• 쪽 윤곽 사용 여부

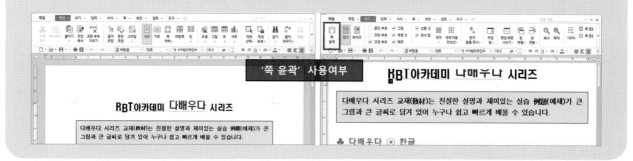

06 글상자로 제목 만들기

글상자를 이용하면 글자를 자유롭게 배치할 수 있습니다. 글상자의 다양한 활용법을 알아봅니다.

▌완성 화면 미리 보기

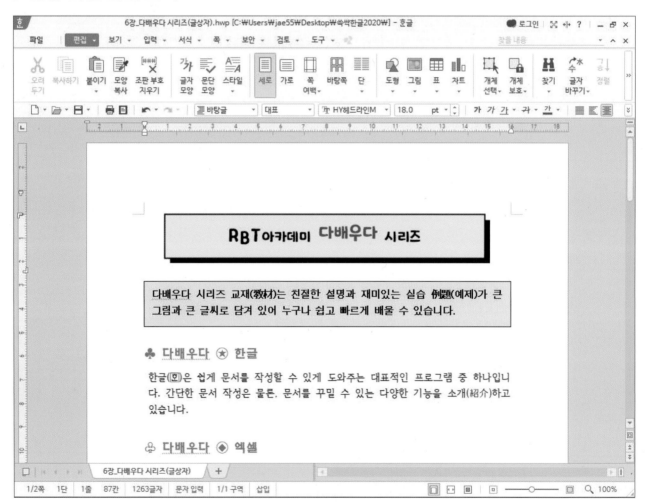

▌여기서 배워요!

글상자 삽입 및 꾸미기

글상자 삽입하기

01 예제 파일 [06장_다배우다 시리즈.hwp]를 불러옵니다. [편집] 탭에서 [도형]–[가로 글상자]를 클릭합니다.

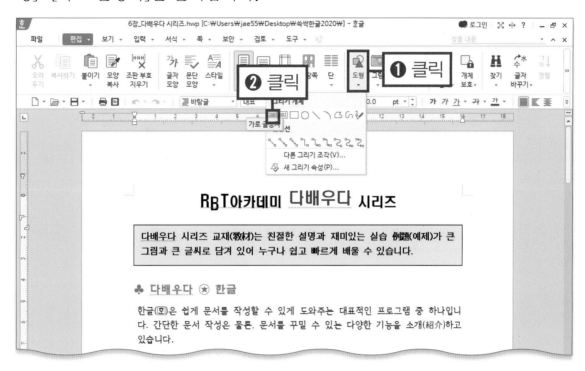

02 화면처럼 드래그하여 글상자를 삽입합니다. 제목을 블록 설정한 후 Ctrl+X를 눌러 잘라내기를 합니다. 글상자 안에 커서를 클릭한 후 Ctrl+V를 눌러 제목을 나타나게 합니다.

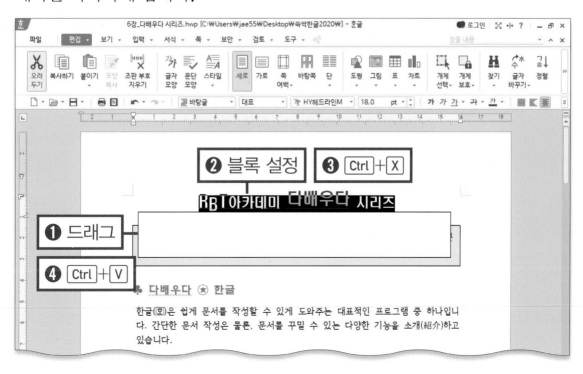

01 글상자를 더블 클릭합니다. '개체 속성' 대화상자가 나타나면 '위치'를 [글자 처럼 취급]으로 선택합니다.

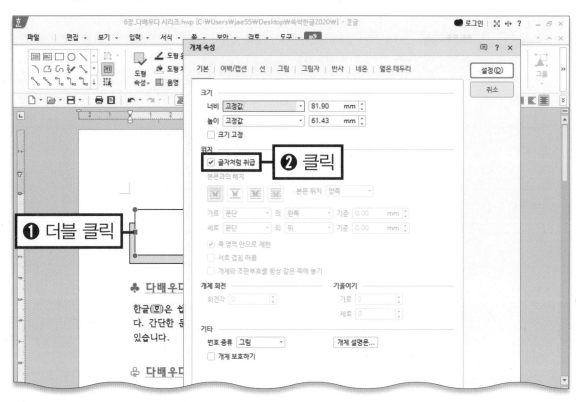

02 '개체 속성' 대화상자의 [선] 탭을 클릭한 후 '선'의 '굵기'를 [0.5mm]로 변경 합니다.

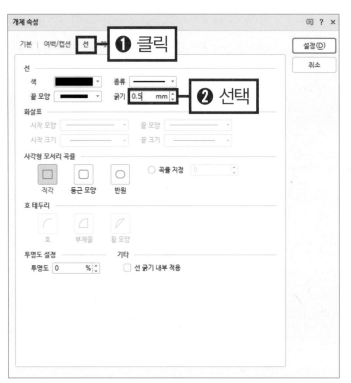

03 이번에는 [채우기] 탭을 클릭한 후 '채우기'의 '색'에서 '면 색'을 [주황 (RGB:255,132,58) 80% 밝게]로 선택합니다. [그림자] 탭을 클릭하여 '종류' 를 [왼쪽 위]로 선택한 후 '그림자'의 '가로 방향 이동'과 '세로 방향 이동'을 각각 [0.1mm]로 변경합니다. [설정]을 클릭합니다.

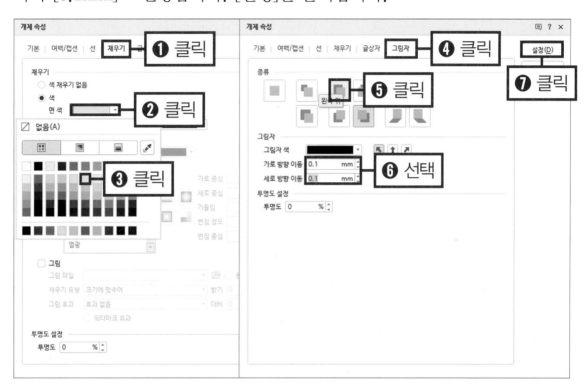

04 제목 글상자의 크기를 문서에 맞게 조절합니다.

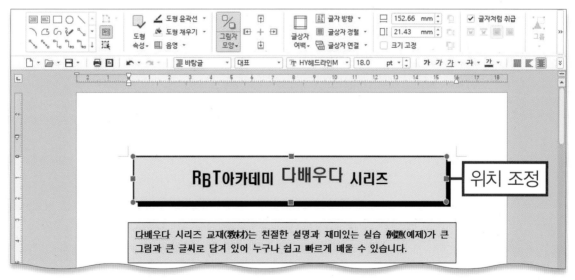

🦤 **조금 더 배우기**

글상자 선택 시 ●는 가로세로 크기 조절, ■는 가로 또는 세로 한쪽 방향으로만 크기 조절이 가능합니다.

05 제목 글상자를 클릭합니다. '서식 도구 상자'에서 '글꼴'의 [목록 단추]를 클릭한 후 마음의 드는 글꼴을 클릭합니다. 예제에서는 '안동엄마까투리'체를 사용했습니다.

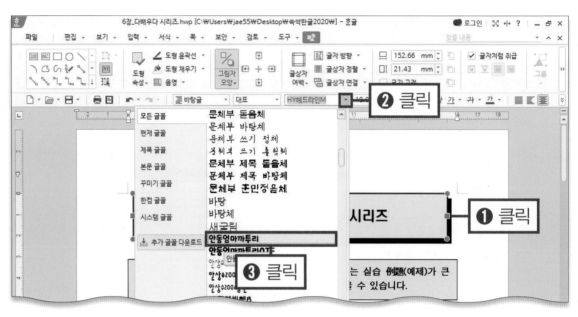

🍂 **조금 더 배우기**

글꼴 다운로드는 [8강]을 참고합니다.

06 완성된 문서를 확인하고 '서식 도구 상자'에서 [저장](💾)을 클릭합니다.

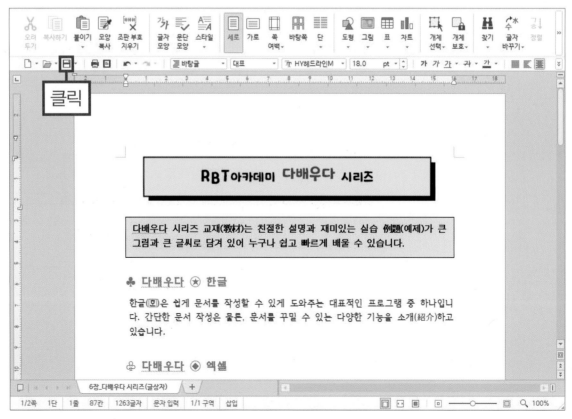

다단 설정과 그림 활용하기

신문 같은 형태의 문서를 다룰 때, 많은 내용의 문서를 다룰 때 다단을 설정하면 유용합니다.
다단을 설정하는 방법과 이미지를 다루는 방법을 알아봅니다.

▌완성 화면 미리 보기

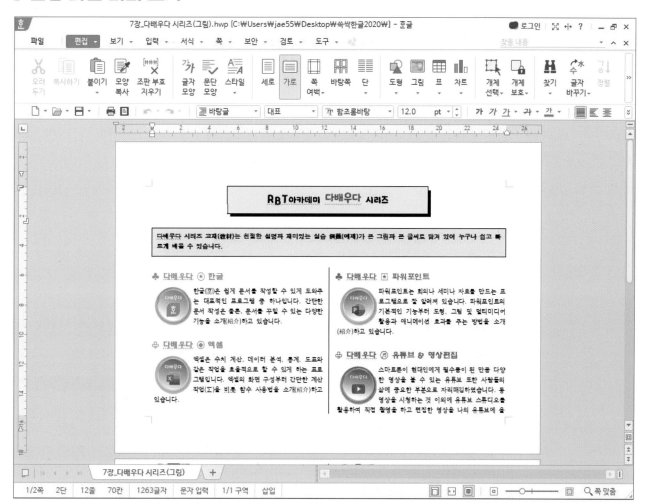

▌여기서 배워요!

다단 설정하기, 그림 삽입하기, 그림 바꾸기

다단 설정하기

01 예제 파일 [07장_다배우다 시리즈.hwp]를 불러옵니다. [편집] 탭을 클릭한 후 '용지 방향'을 [가로]로 선택합니다.

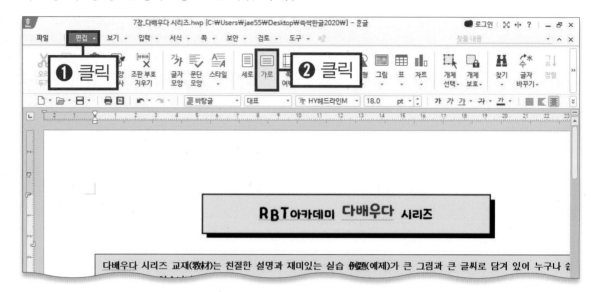

02 제목과 개요 문단을 제외한 나머지 내용들을 블록 설정한 후 [편집] 탭에서 [단]-[다단 설정]을 차례대로 클릭합니다.

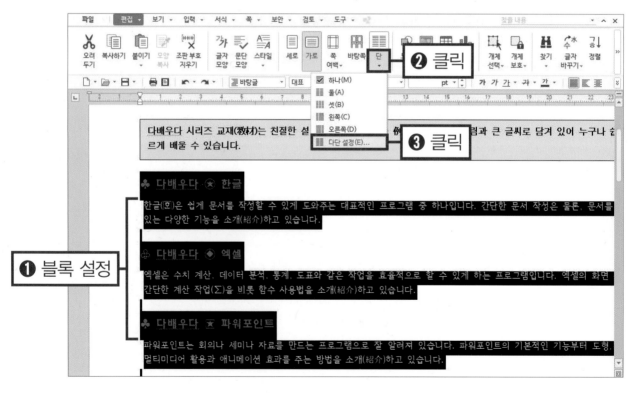

🖊 **조금 더 배우기**

[쪽] 탭에서 [목록 단추]를 클릭한 후 [단]-[다단 설정]을 클릭해도 됩니다.

03 '단 설정' 대화상자가 나타나면 '자주 쓰이는 모양'에서 [둘]을 선택하고 '구분 선'에서 [구분선 넣기]를 클릭합니다. [설정]을 클릭합니다.

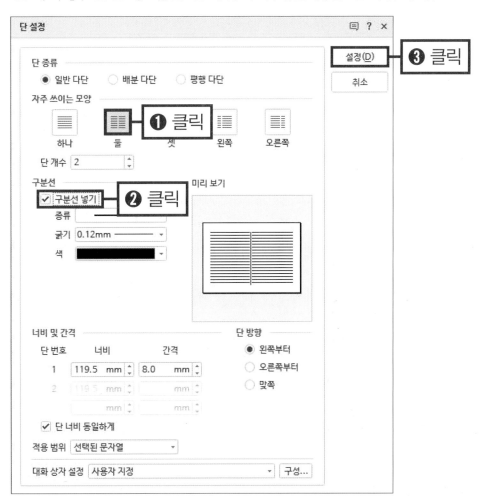

04 다단이 적용된 문서를 확인합니다.

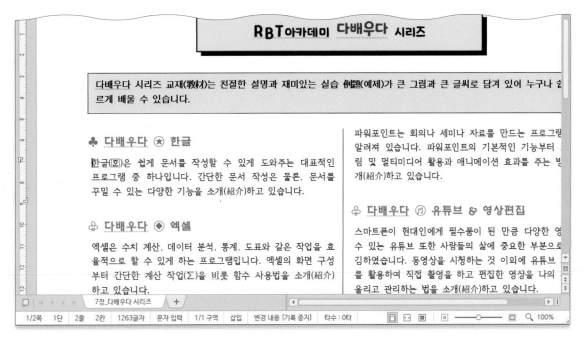

01 본문 '한글(호)은'의 '한' 앞에 커서를 두고 [편집] 탭의 [그림]을 클릭합니다. '그림 넣기' 대화상자가 나타나면 다운로드받은 [이미지] 폴더에서 [다배우다_한글.png] 파일을 선택합니다. 아래 [문서에 포함]과 [마우스로 크기 지정]을 체크한 후 [열기]를 클릭합니다.

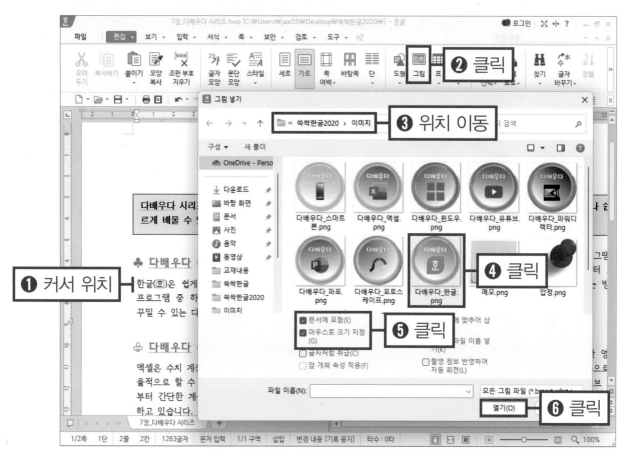

02 원하는 위치에 드래그하여 그림을 삽입합니다. 삽입된 그림을 더블 클릭합니다.

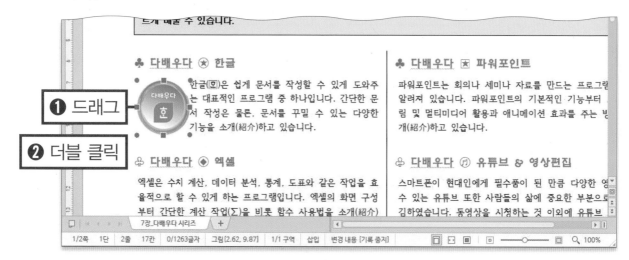

03 '개체 속성' 대화상자가 나타나면 [기본] 탭에서 '크기'의 '너비'와 '높이'를 각각 [26mm]로 변경합니다. '위치'의 '본문과의 배치'를 [어울림]으로 선택한 후 '가로'와 '세로'를 각각 [종이]로 선택합니다. [여백/캡션] 탭을 클릭한 후 '바깥 여백'을 모두 [1mm]로 변경합니다. [설정]을 클릭합니다.

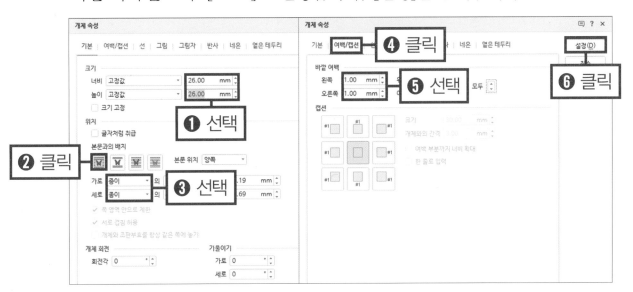

🤚 조금 더 배우기

'본문과의 배치'를 알아봅니다.

어울림 : 글자와 나란히 배치된다.

자리 차지 : 글자와 어울리지 못한다.

글 앞으로 : 글자를 가리고 배치된다.

글 뒤로 : 글자 뒤에 배치된다.

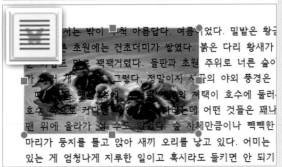

04 그림을 클릭하고 Ctrl + C 를 눌러 복사한 후 붙여넣기인 Ctrl + V 를 누릅니다.

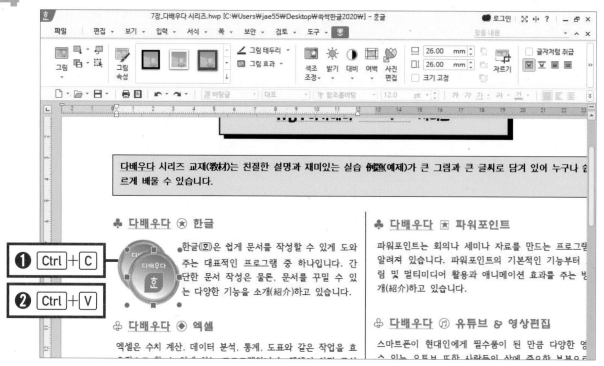

05 복사된 그림을 본문 내용 앞에 드래그하여 배치합니다. Ctrl + C , Ctrl + V 를 반복하여 배치합니다.

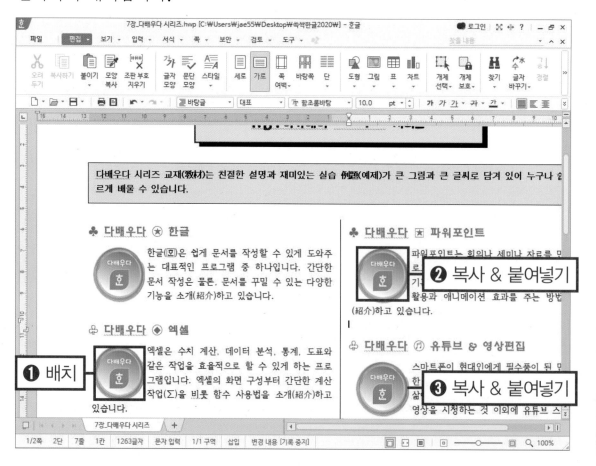

STEP 03 그림 바꾸기

01 두 번째 그림을 선택한 후 [그림](🌼) 탭의 [바꾸기/저장](🗂️ ▾)-[그림 바꾸기]를 차례대로 클릭합니다. 다운로드받은 이미지 폴더에서 [다배우다_엑셀.png] 파일을 선택한 후 [열기]를 클릭합니다.

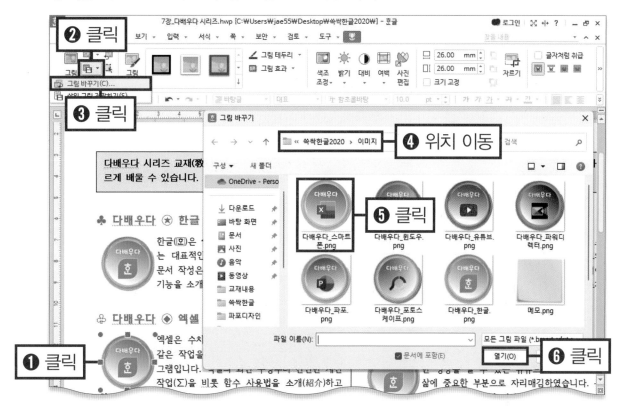

🖋️ 조금 더 배우기

이미지를 [바꾸기]로 변경하면 크기 및 기타 서식들이 그대로 적용됩니다.

02 각각 시리즈 명에 해당하는 이미지들로 변경합니다.

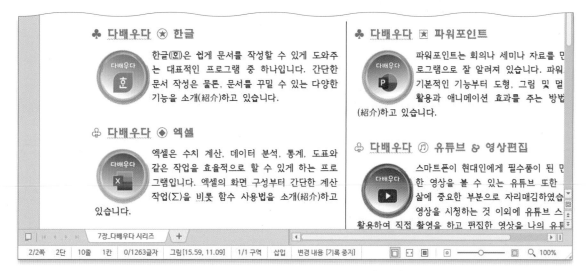

03 삽입된 그림과 글자색을 동일하게 맞추기 위해 '♣ 다배우다 ☆ 한글'을 블록 설정한 후 마우스 오른쪽 버튼을 누른 다음 메뉴 목록에서 [글자 모양]을 클릭합니다. '글자 모양' 대화상자가 나타나면 '글자 색'을 클릭한 후 [색 골라내기](🖊)를 클릭합니다. [다배우다_한글.png] 그림을 클릭한 후 색상이 등록되면 [설정]을 클릭합니다.

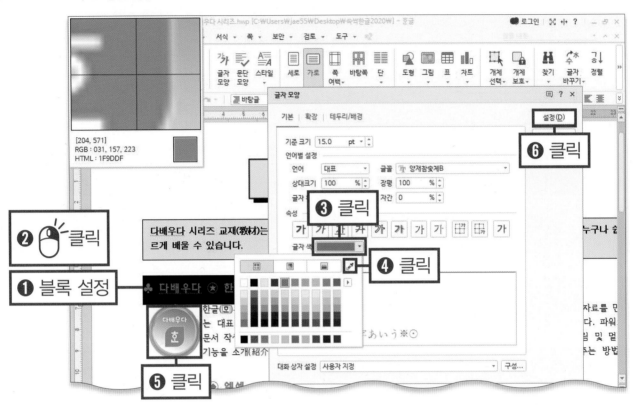

04 위와 같은 방법으로 이미지에 해당하는 글자색으로 모두 변경합니다. [확대/축소]의 [쪽 맞춤]으로 문서를 확인합니다.

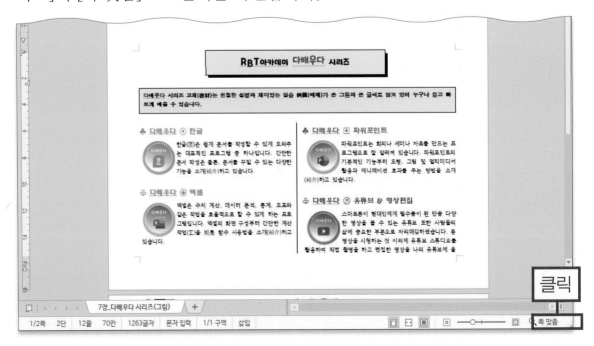

08 | 글꼴 다운로드하기

상업용으로도 사용할 수 있는 무료 글꼴을 '눈누'에서 다운로드하는 방법을 알아봅니다.

▎완성 화면 미리 보기

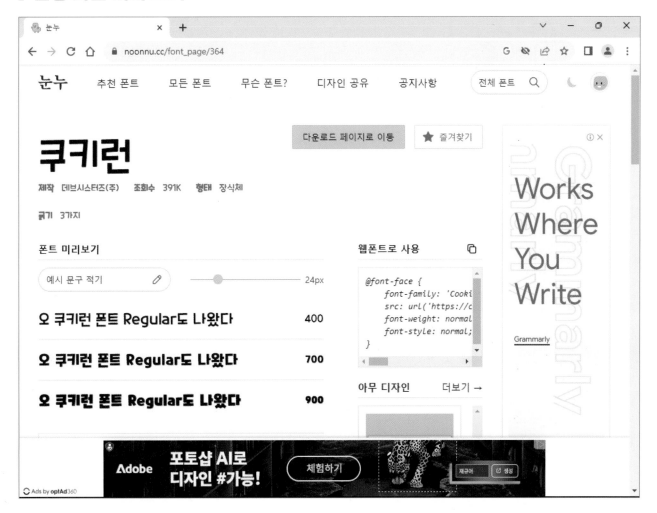

▎여기서 배워요!

글꼴 다운로드하기

글꼴 검색하기

01 바탕화면에서 [크롬]( )을 실행합니다. 검색란에 '눈누'를 입력한 후 Enter 를 누릅니다. [눈누(noonnu.cc)]를 클릭합니다.

📎 **조금 더 배우기**

[크롬]( )이 없다면 [엣지]( )에서 검색해도 됩니다.

02 '검색란'에 [쿠키런]을 입력하여 검색합니다. 검색된 [쿠키런]을 클릭합니다.

📎 **조금 더 배우기**

[추천 폰트] 또는 [모든 폰트]에서 사용할 글꼴을 선택해도 됩니다.

03 [다운로드 페이지로 이동]을 클릭합니다.

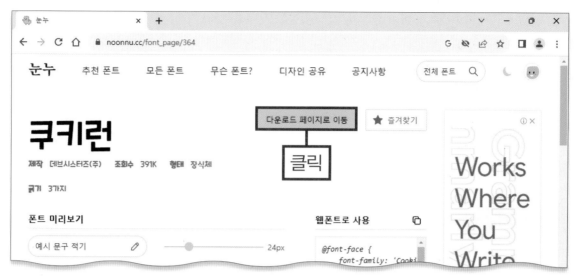

🔖 **조금 더 배우기**

[눈누(noonnu.cc)]는 상업적으로도 이용할 수 있는 글꼴들을 연결해 주는 사이트입니다.

STEP 02 글꼴 다운로드하기

01 '쿠키런' 웹페이지가 나타나면 [TTF]를 클릭합니다.

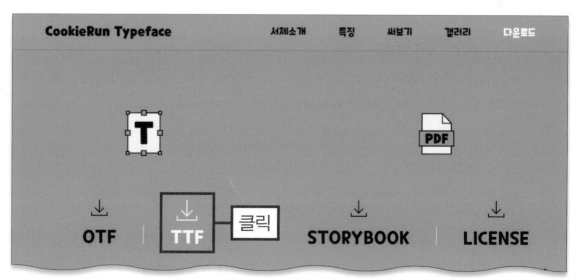

🔖 **조금 더 배우기**

'TTF'는 일반 문서용, 'OTF'는 디자인용 글꼴입니다.

02 '다른 이름으로 저장' 대화상자가 나타나면 저장할 폴더를 선택한 후 [저장]을 클릭합니다. 웹 페이지를 종료합니다.

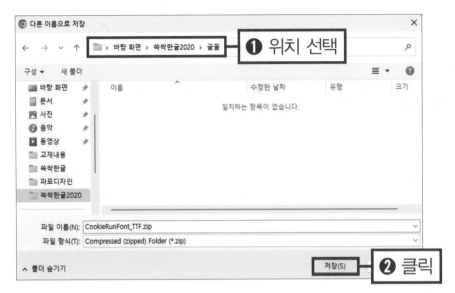

STEP 03 **글꼴 설치하기**

01 글꼴이 저장된 폴더를 [열기]합니다. [CookieRunFont_TTF.zip] 폴더를 더블 클릭한 후 [CookieRunFont_TTF] 폴더를 [열기]합니다. [CookieRun Black.ttf] 파일을 더블 클릭합니다.

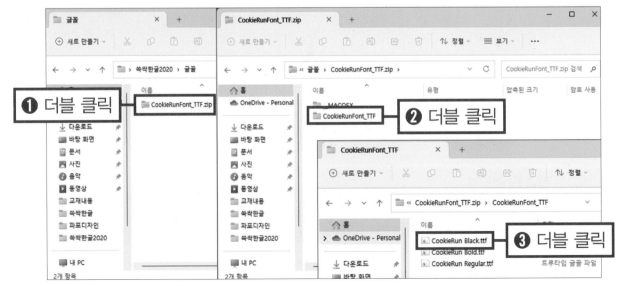

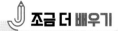

다운로드한 글꼴은 압축 폴더로 되어 있습니다. 압축 풀기를 하지 않고 사용합니다.

02 저장될 글꼴 명을 확인한 후 [설치]를 클릭합니다. 설치가 완료되면 창을 닫습니다.

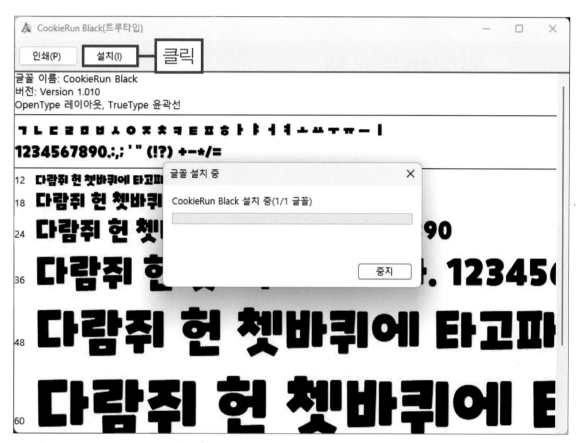

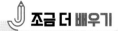

설치된 글꼴은 C:₩Windows₩Fonts 폴더에 저장되며, 모든 컴퓨터 프로그램에서 사용할 수 있습니다.

혼자서도 만들 수 있어요!

1 '눈누'에서 [엄마까투리체]를 설치합니다.

hint '눈누' 사이트에서 '엄마'를 검색 → '엄마까투리체'를 선택한 후 [다운로드한 페이지로 이동] 클릭 → [엄마까투리체]–[Windows용] 다운로드

2 글꼴 [나눔스퀘어]를 설치합니다.

hint '눈누' 사이트에서 '스퀘어'를 검색 → '나눔스퀘어'를 선택한 후 [다운로드한 페이지로 이동] 클릭 → [나눔글꼴]–[나눔스퀘어] 다운로드

CHAPTER 09

도형 및 그리기마당 활용하기

POINT

도형과 그리기마당의 개체를 이용하는 방법을 알아봅니다.

▋ 완성 화면 미리 보기

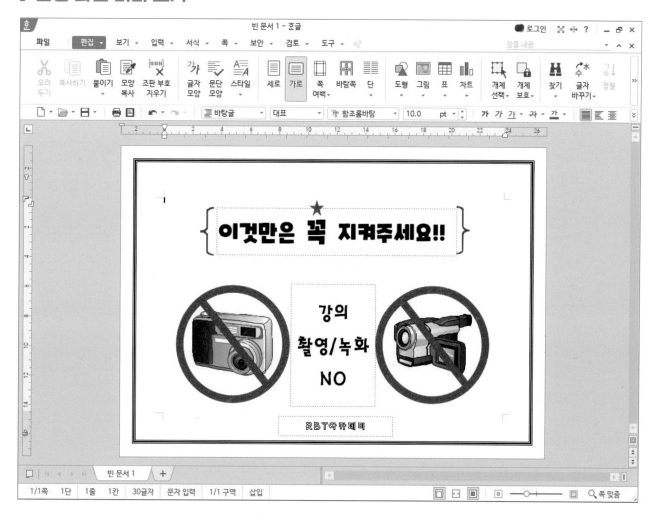

▋ 여기서 배워요!

도형 삽입하기, 그리기마당 이용하기, 쪽 테두리 삽입하기

그리기마당 활용하기

01 [한글 2020]을 실행합니다. [편집] 탭에서 용지 방향을 [가로]로 선택하고 [확대/축소]–[폭 맞춤]을 차례대로 클릭합니다. 이후 [그림]의 [목록 상자]–[그리기마당]을 차례대로 클릭합니다.

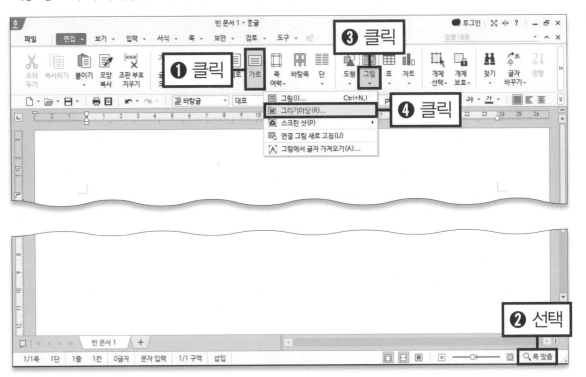

02 '그리기마당' 대화상자가 나타나면 [그리기 조각] 탭의 '선택할 꾸러미'에서 [기본도형]을 클릭합니다. [왼쪽 중괄호](┨)를 선택한 후 [넣기]를 클릭합니다.

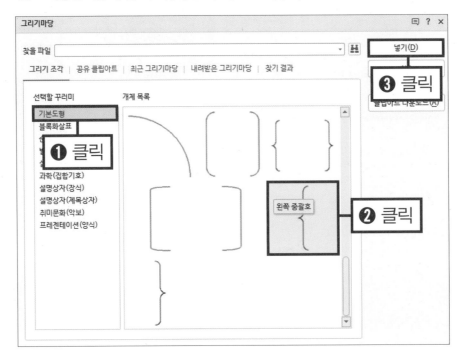

03 제목으로 사용할 공간에 [왼쪽 중괄호](🔲)를 드래그한 후 조절점으로 크기를 조절하여 배치합니다. [왼쪽 중괄호]를 더블 클릭합니다. '개체 속성' 대화상자가 나타나면 [선] 탭의 '선'에서 [색]을 클릭하여 [주황(RGB:255,132,58) 50% 어둡게]를 선택합니다. '굵기'는 [1mm]로 입력한 후 [설정]을 클릭합니다.

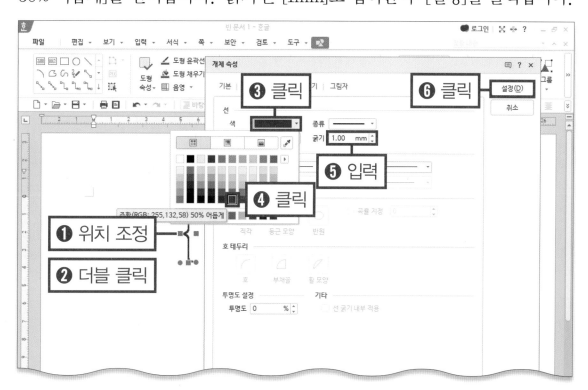

04 제목을 입력하기 위해 [편집] 탭의 [도형]–[가로 글상자]를 선택한 후 아래와 같이 드래그합니다. 글상자에 내용을 입력합니다.

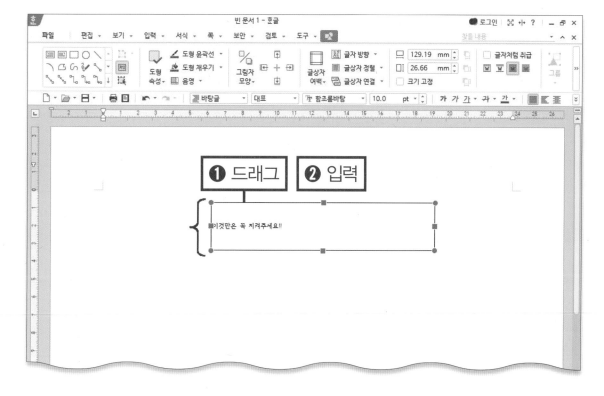

05 제목 글상자 글꼴을 [CookieRun Black]으로 선택합니다. 강조할 단어를 블록 설정한 후 Alt+L을 누릅니다. '글자 모양' 대화상자가 나타나면 '상대크기'를 [120%]로 변경한 후 [설정]을 클릭합니다. 제목 글상자를 선택하고 [도형 윤곽선]의 [목록 단추]를 클릭한 후 [없음]을 클릭합니다.

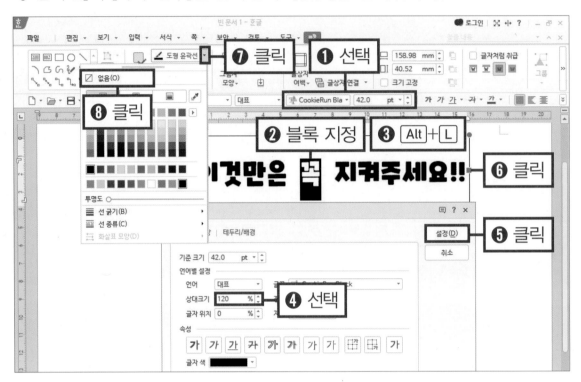

06 제목 글상자 앞 [왼쪽 중괄호]({)를 Ctrl+드래그하여 오른쪽에 복사합니다. 복사한 [왼쪽 중괄호]({)를 선택한 후 [회전]-[좌우 대칭]을 차례대로 클릭합니다.

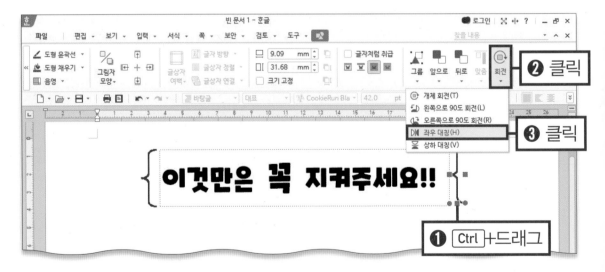

🖉 **조금 더 배우기**

[그리기마당]에서 [기본 도형]-[오른쪽 중괄호](})를 선택해도 됩니다.

07 [그림]의 [목록 상자]-[그리기마당]을 차례대로 클릭합니다. [그리기 조각]
탭에서 [별및현수막]을 클릭한 후 [별](⭐)을 클릭하여 강조할 단어 '꼭' 위에
드래그해 배치합니다.

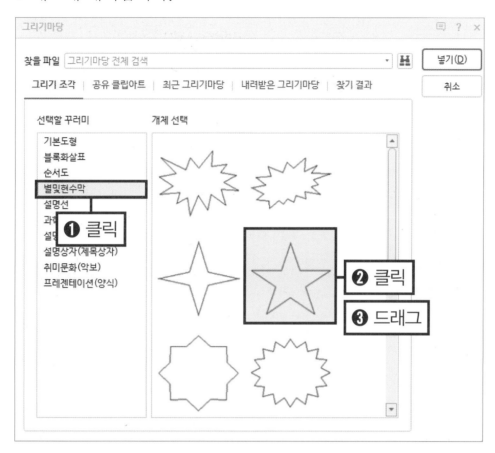

08 [별](⭐)을 선택한 후 [도형 윤곽선]은 [빨강(RGB:255,0,0)], [도형 채우기]
는 [빨강(RGB:255,0,0)]을 선택합니다.

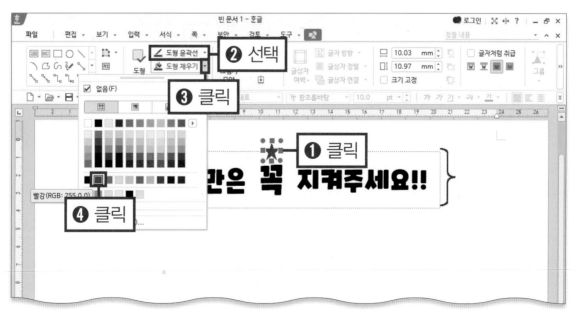

도형 활용하기

01 [편집] 탭의 [도형]에서 [타원]을 선택한 후 드래그합니다. [도형 윤곽선]을 [빨강(RGB:255,0,0)]으로 선택합니다. [도형 윤곽선]을 다시 한 번 클릭한 후 [선 굵기]-[5mm]를 차례대로 선택합니다. [도형 채우기]는 [없음]을 클릭합니다.

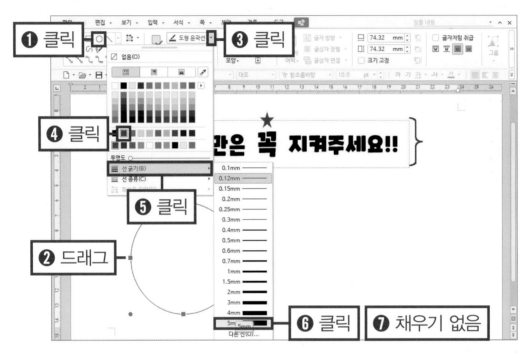

02 이번에는 [도형]에서 [직선]을 선택한 후 타원 안에 드래그합니다. [도형 윤곽선]은 [빨강(RGB:255,0,0)]을 선택합니다. [도형 윤곽선]을 다시 한 번 클릭한 후 [선 굵기]-[5mm]를 차례대로 클릭합니다.

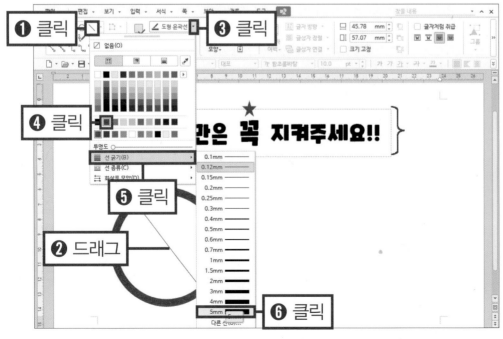

03 [타원]을 선택한 후 [Ctrl]을 누른 상태로 [직선]을 클릭합니다. 마우스 오른쪽 버튼을 누른 다음 메뉴 목록에서 [개체 묶기]를 선택합니다. '금지' 도형이 만들어졌습니다.

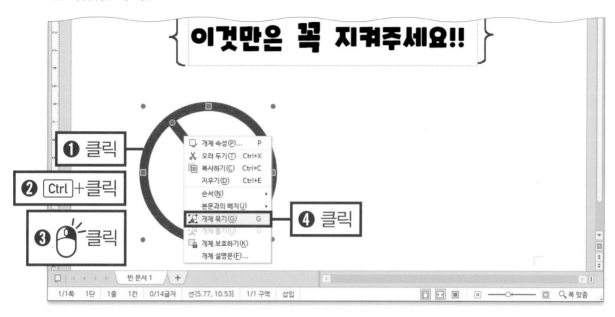

🎣 **조금 더 배우기**

[편집] 탭의 [개체 선택](□)을 이용해도 됩니다.

04 '금지' 도형을 [Ctrl]+드래그하여 아래 화면처럼 배치합니다. [그림]의 [목록 상자]를 클릭한 후 [그리기마당]을 클릭합니다.

클립아트 다운로드하기

01 '그리기마당' 대화상자가 나타나면 [클립아트 다운로드]를 클릭합니다.

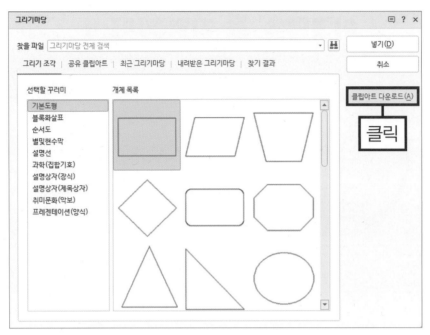

02 '한컴 애셋' 대화상자가 나타나면 검색란에 '카메라'를 입력한 후 검색합니다. 삽입할 카메라 클립아트를 [내려받기](⬇)합니다. '내려받기가 완료되었습니다.' 메시지가 나타나면 [확인]을 클릭합니다. 같은 방법으로 '캠코더'도 내려받기한 후 '한컴 애셋' 대화상자를 닫습니다.

03 '그리기마당' 대화상자의 [내려받은 그리기마당] 탭에서 카메라를 선택한 후 [넣기]를 클릭합니다.

04 '금지' 도형 위에 '카메라' 클립아트를 드래그하여 배치합니다. 마우스 오른쪽 버튼을 누른 후 [순서]−[맨 뒤로]를 차례대로 클릭합니다.

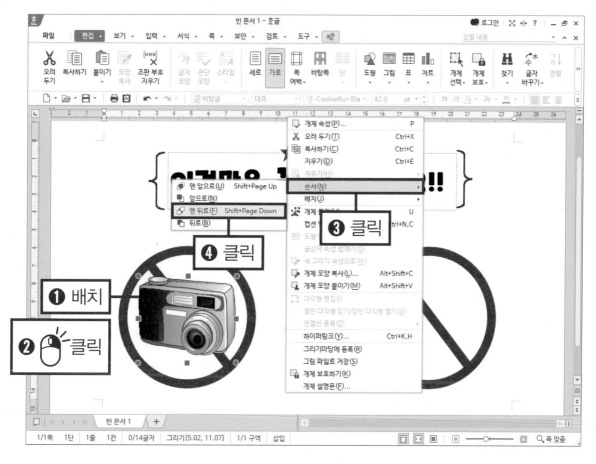

05 '캠코더' 클립아트도 같은 방법으로 배치합니다. [도형]-[가로 글상자]를 차례대로 클릭한 후 드래그하여 아래처럼 위치합니다.

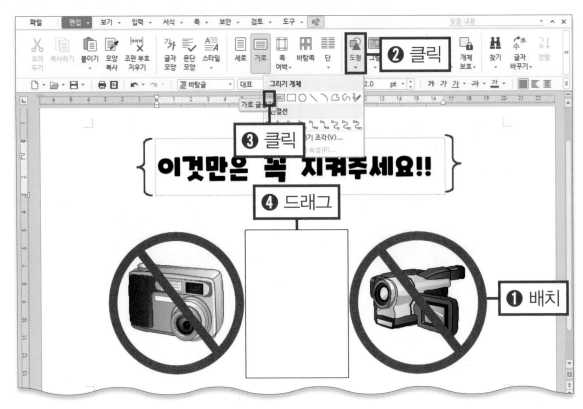

06 글상자 안에 내용을 입력한 후 '글꼴'은 [한컴바겐세일 B], '크기'는 [40pt], 글상자의 '테두리'는 [없음]을 적용합니다. 페이지 맨 아래에 상호명을 입력하기 위해 [도형]-[가로 글상자]를 선택하여 드래그한 후 내용을 입력합니다.

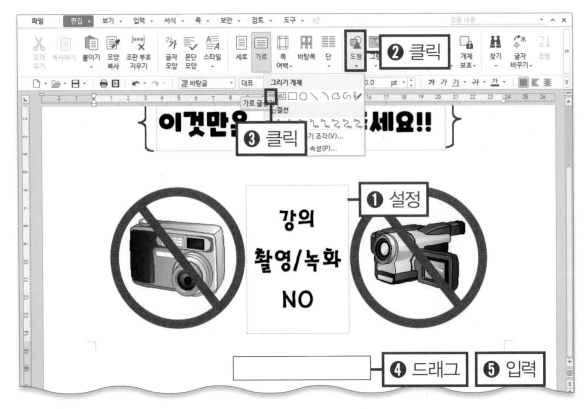

07 내용을 블록 설정한 후 Alt + L 을 누릅니다. '기준 크기'는 [20pt], '글꼴'은 [한컴바겐세일 B], '자간'은 [20%], '속성'은 [외곽선]을 선택한 후 [설정]을 클릭합니다. 글상자 '테두리'는 [없음]을 적용합니다.

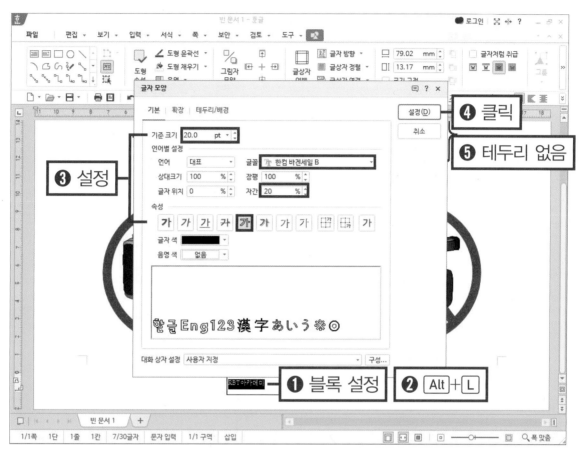

08 문서 전체 페이지를 나타내기 위해 '확대/축소'에서 [쪽 맞춤]을 선택한 후 [설정]을 클릭합니다.

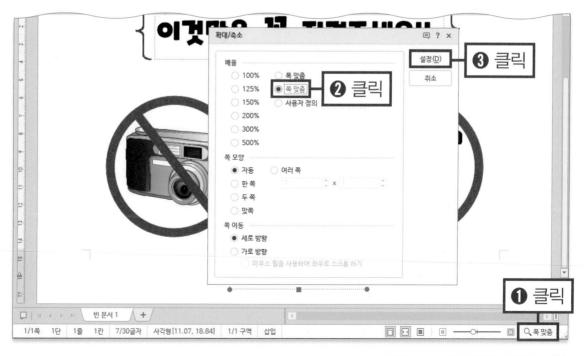

01 문서 테두리를 적용하기 위해 [쪽] 탭의 [목록 상자]를 클릭한 후 [쪽 테두리/배경]을 클릭합니다. '쪽 테두리/배경' 대화상자가 나타나면 [테두리] 탭의 '종류'는 [얇고 굵고 얇은 삼중선]을 선택한 후 '위치'를 [종이 기준], 모두 [10mm]로 변경합니다. [설정]을 클릭합니다.

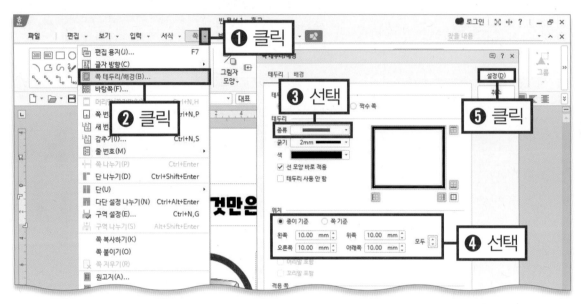

02 완성된 문서를 확인한 후 저장합니다.

📎 **조금 더 배우기**

[보기] 탭–[투명선]의 체크를 해제합니다.

혼자서도 만들 수 있어요!

1 [도형]의 [가로 텍스트 상자]를 이용하여 제목을 작성해 보세요.

hint 글상자 '글꼴'은 [양재참숯체B], '글자 크기'는 [100pt]

2 [그리기마당]을 활용하여 아래 화면처럼 완성해 보세요.

hint
- [그림]–[그리기마당]에서 [클립아트 다운로드] 클릭 → [지지(열공_열일)] 검색 후 [내려받기](⤓) 클릭
- [쪽]–[쪽 테두리/배경]에서 [테두리]–[배경]을 설정

10 표 만들기

표를 만들어 셀을 병합하거나 나누고, 줄이나 칸을 추가하는 방법을 알아봅니다.

▌완성 화면 미리 보기

▌여기서 배워요!

표 만들기, 셀 합치기/셀 나누기, 줄/칸 추가하기

표 만들기

01 [한글 2020]을 실행한 후 **F7**을 누릅니다. '편집 용지' 대화상자에서 '용지 방향'은 [가로]로 선택한 후 '용지 여백'의 '위', '아래', '왼쪽', '오른쪽'을 각각 [20mm]로, '머리말', '꼬리말'은 [10mm]로 입력합니다. [설정]을 클릭합니다.

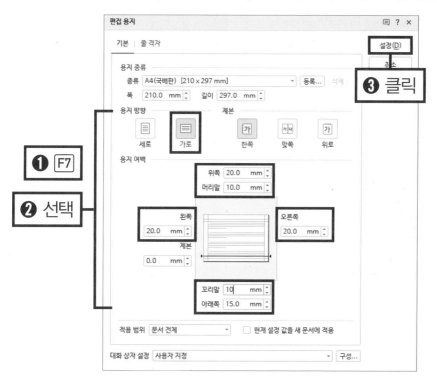

02 제목 'RBT아카데미 교육과정'을 입력하고 **Enter**를 두 번 누릅니다. [편집] 탭의 [목록 상자]-[표]를 클릭한 후 [표 만들기]를 클릭합니다. '표 만들기' 대화상자에서 '줄 개수'는 [10], '칸 개수'는 [4]를 입력합니다. '기타'의 [글자처럼 취급]을 체크한 후 [만들기]를 클릭합니다.

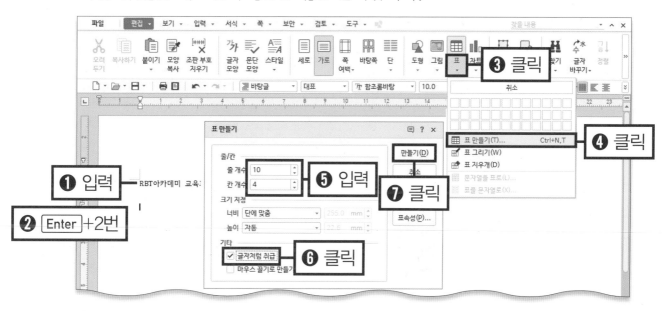

03 삽입된 표에 아래 그림을 참고하여 내용을 입력합니다.

RBT아카데미 교육과정

과정명	교육과정	과정소개	비고
OA 과정	윈도우	컴퓨터 사용법 배우기	
	한글	다양한 문서 작성하기	
	엑셀	계산작업이 필요한 문서작업하기	
	파워포인트	회의 또는 세미나 자료 만들기	
모바일 과정	스마트폰	스마트폰 구성 및 play스토어 사용법 배우기	
	SNS 활용	친구와 소통하기	
멀티미디어 과정	포토스케이프	사진편집 배우기	
	파워디렉터	영상편집 배우기	
자격증 과정	컴퓨터활용능력	엑셀. 액세스를 다루는 자격증	

04 표의 셀 칸 경계선에 ⊹가 나타나면 드래그해 아래와 같이 크기를 조절합니다.

RBT아카데미 교육과정

과정명	교육과정	과정소개	비고
OA 과정	윈도우	컴퓨터 사용법 배우기	⊹
	한글	다양한 문서 작성하기	
	엑셀	계산작업이 필요한 문서작업하기	
	파워포인트	회의 또는 세미나 자료 만들기	
모바일 과정	스마트폰	스마트폰 구성 및 play스토어 사용법 배우기	
	SNS 활용	친구와 소통하기	
멀티미디어 과정	포토스케이프	사진편집 배우기	
	파워디렉터	영상편집 배우기	
자격증 과정	컴퓨터활용능력	엑셀. 액세스를 다루는 자격증	

드래그

STEP 02 셀 수정하기

01 병합할 셀을 드래그하여 블록 설정합니다. [표 레이아웃]의 [목록 단추]를 클릭한 후 [셀 합치기]를 클릭합니다.

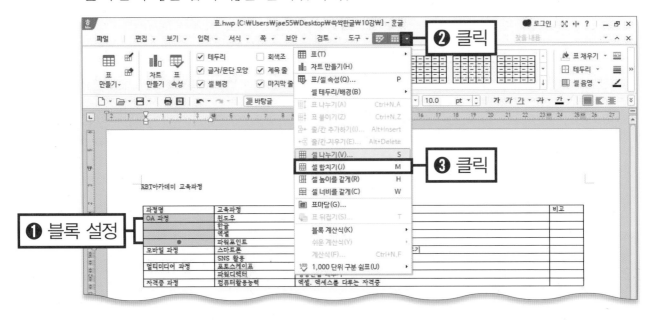

❶ 블록 설정
❷ 클릭
❸ 클릭

02 이번에는 '컴퓨터활용능력'을 두 칸으로 나누기 위해 셀을 클릭한 후 마우스 오른쪽 버튼을 누른 다음 메뉴 목록에서 [셀 나누기]를 클릭합니다. '칸 개수'를 [2]로 입력한 후 [나누기]를 클릭합니다.

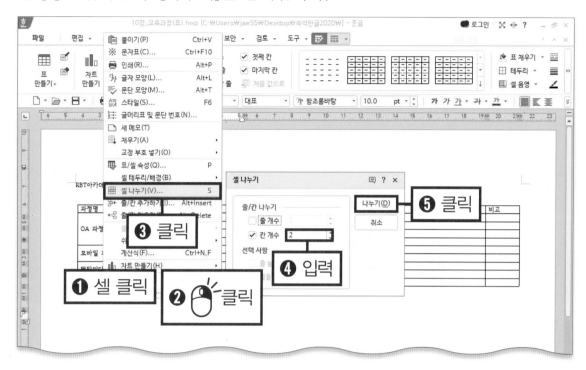

03 아래 그림처럼 셀을 블록 설정한 후 마우스 오른쪽 버튼을 눌러 [셀 나누기]를 클릭합니다. '줄 개수'를 [2]로 입력한 후 [나누기]를 클릭합니다.

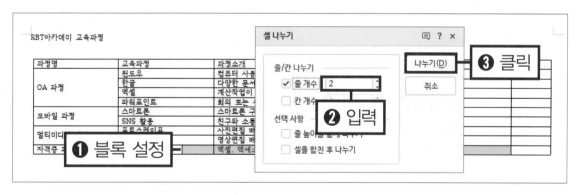

04 이번에는 '컴퓨터활용능력' 셀 아래 'ITQ' 과정을 추가하기 위해 '자격증 과정' 셀을 클릭합니다. 마우스 오른쪽 버튼을 누른 다음 [줄/칸 추가하기]를 클릭합니다. [아래쪽에 줄 추가하기]를 클릭한 후 '줄/칸 수'를 [1]로 입력하고 [추가]를 클릭합니다.

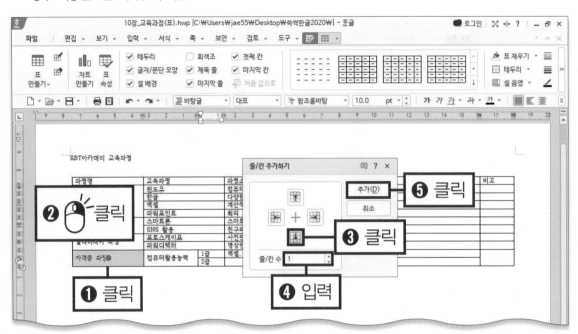

05 ITQ 과정을 아래와 같이 셀을 합친 후 추가된 줄/칸에 내용을 입력하여 표를 완성합니다. 표의 세 번째 칸을 블록 설정합니다.

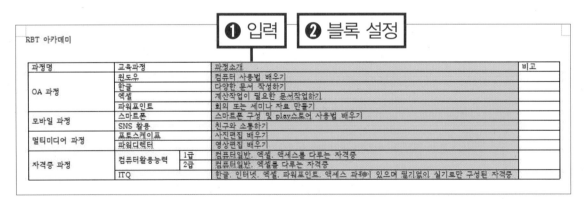

06 Ctrl + ↓를 3번 눌러 줄의 높이를 조절한 후 [서식 도구 상자]의 [저장](💾)을 클릭하여 저장합니다.

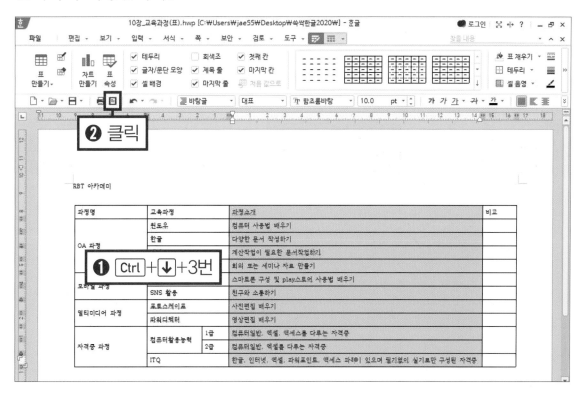

조금 더 배우기

블록 설정 해제는 Esc 를 누릅니다.

조금 더 배우기

■ 키보드 방향키를 이용한 셀 크기 조절법

마우스로 드래그하여 선택하면 여러 셀을 선택할 수 있습니다(키보드 F5를 두 번 눌러 이용하는 것과 같습니다).

▶ 줄 높이 조절하기

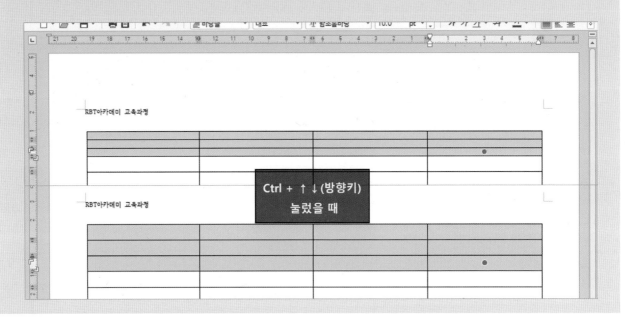

▶ 칸 너비 조절하기

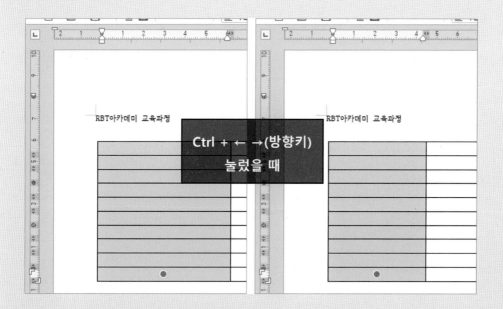

▶ 줄 높이/칸 너비 다르게 조절하기

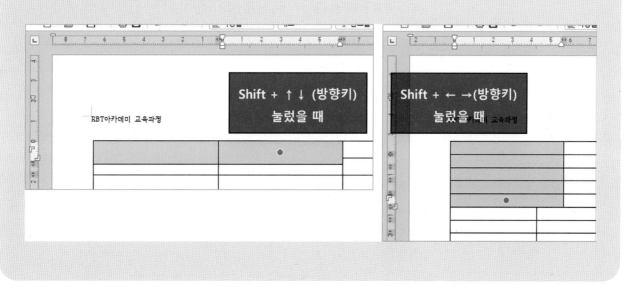

표 편집하기

POINT

표의 서식 적용 및 셀 테두리/배경을 사용해 표를 편집하는 방법을 알아봅니다.

완성 화면 미리 보기

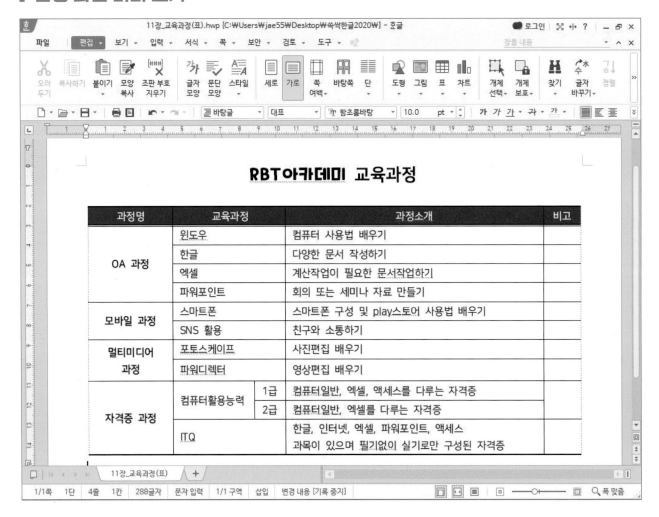

여기서 배워요!

표 서식 적용하기, 셀 테두리/배경 적용하기

제목 및 내용 서식 적용하기

01 예제 파일 [11강_교육과정(표).hwp]를 불러옵니다. 제목을 꾸미기 위해 'RBT아카데미 교육과정'을 드래그하여 블록 설정합니다.

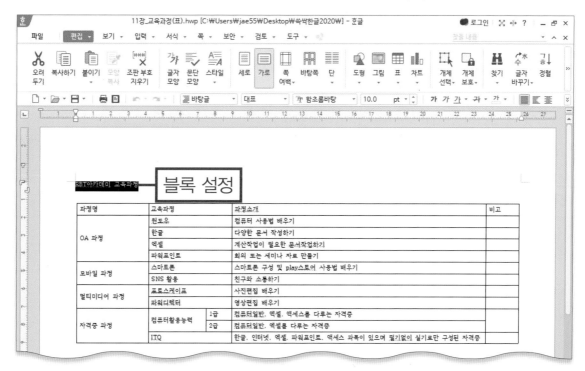

02 [서식 도구 상자]에서 '글꼴'은 [나눔스퀘어 ExtraBold], '크기'는 [25pt], [가운데 정렬]을 선택합니다. 이번에는 제목의 'RBT아카데미'만 블록 설정한 후 '글꼴'을 [CookieRun Bold]로 지정합니다.

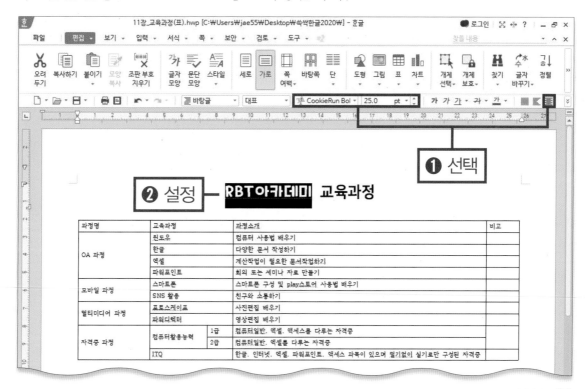

03 표 안 전체를 블록 설정한 후 '글꼴'을 [나눔스퀘어]로 지정합니다.

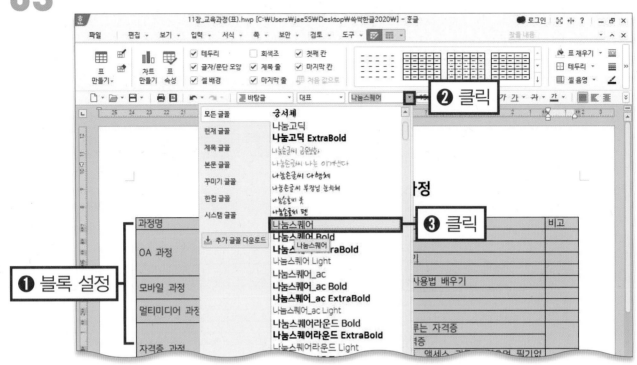

📎 **조금 더 배우기**

F5를 두 번 눌러 전체 블록 설정하여도 됩니다.

04 항목을 입력한 칸을 드래그하여 블록 설정한 후 Ctrl를 누르고 항목 줄을 드 래그하여 블록 설정합니다. '글꼴'을 [나눔스퀘어 Bold]로 지정합니다.

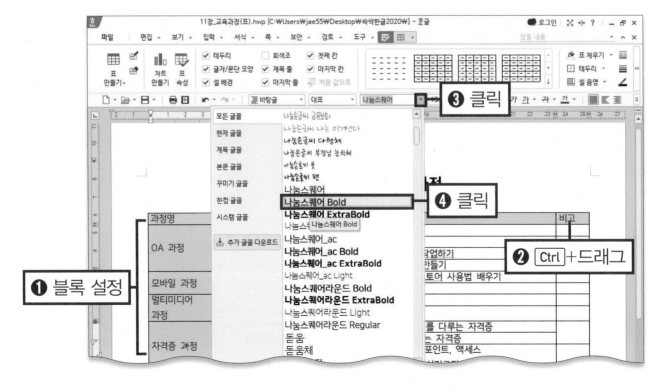

셀 테두리/배경 적용하기

01 표 안 전체를 블록 설정합니다. [표 레이아웃](⊞)의 [목록 단추]을 클릭한 후 [셀 테두리/배경]-[각 셀마다 적용]을 차례대로 클릭합니다.

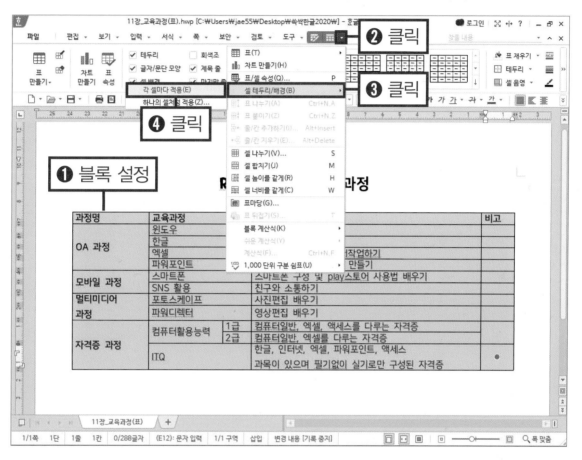

조금 더 배우기

블록 설정이 되어 있는 상태에서 [셀 테두리] 단축키는 L, [배경] 단축키는 C입니다.

02 '셀 테두리/배경' 대화상자가 나타나면 [테두리] 탭의 [선 모양 바로 적용]을 체크 해제합니다. '테두리 종류'를 [없음]으로 선택한 후 [왼쪽]과 [오른쪽]을 클릭하여 선을 제거합니다.

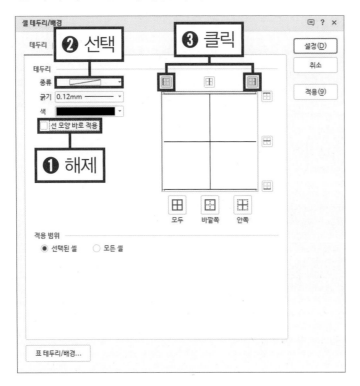

조금 더 배우기

[선 모양 바로 적용]이 선택되어 있다면 테두리 종류 선택에 따라 바로 적용됩니다.

03 '테두리 종류'를 [실선]으로 선택한 후 '굵기'를 [0.5mm]로 변경합니다. [위쪽]과 [아래쪽]을 클릭하여 실선을 적용합니다. [설정]을 클릭합니다.

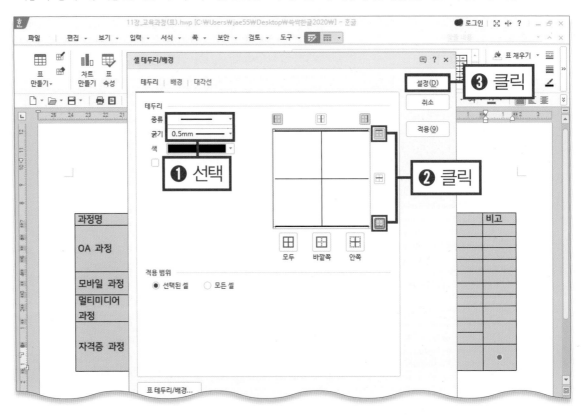

04 첫 번째 항목 줄만 블록 지정한 후 마우스 오른쪽 버튼을 눌러 [셀 테두리/배경]–[각 셀마다 적용]을 차례대로 클릭합니다. '테두리 종류'를 [이중 실선]으로 선택한 후 [아래쪽]을 클릭하여 이중 실선을 적용합니다.

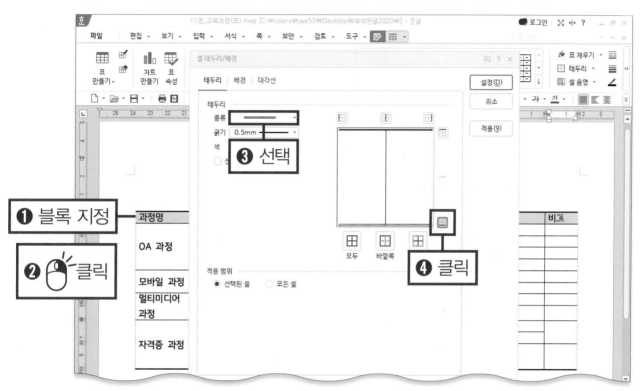

05 [배경] 탭을 클릭합니다. '채우기'의 [색]을 클릭한 후 [면색]–[남색(RGB:58, 60,132)]을 차례대로 클릭합니다. [설정]을 클릭합니다.

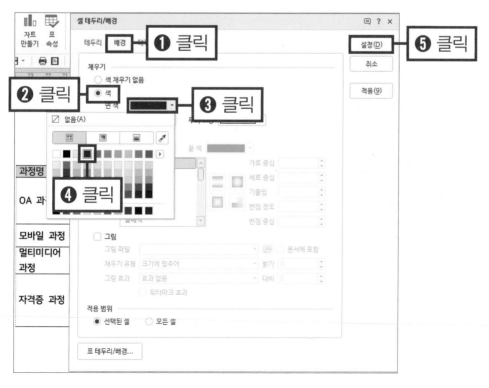

06 짙은 셀 배경색으로 글자색이 잘 보이지 않습니다. [글자 색]의 [목록 단추]를 클릭하여 [하양(RGB:255,255,255)]을 선택합니다.

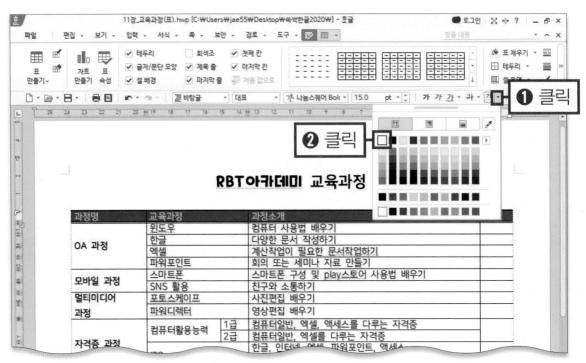

07 아래 그림을 참고하여 나머지 서식들도 적용합니다. '항목 칸'과 '항목 줄'은 [가운데 정렬], '내용 셀'은 [왼쪽 여백 5mm]를 선택합니다. 표 전체를 선택하여 [Ctrl]+[↓]를 2~3번 눌러 표 크기를 조절합니다.

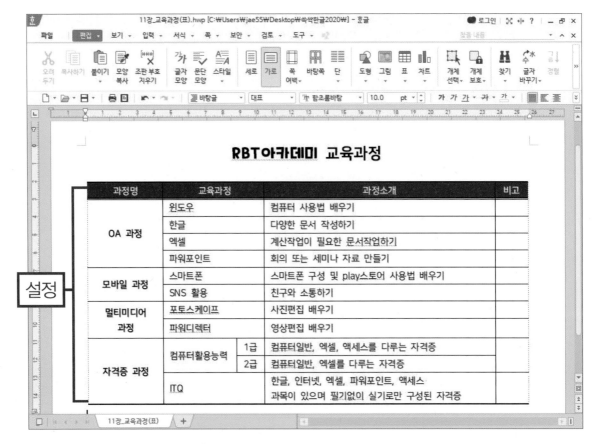

혼자서도 만들 수 있어요!

1 아래와 같이 '수강생명단' 표를 만들어 보세요.

수강생명단

OA 과정				

순번	수강과목	성명	연락처	주소
1	한글	이승화	010-1111-1111	서울특별시 금천구 가산디지털1로
2	엑셀	김지만	010-2222-2222	대구광역시 달서구 학산로
3	윈도우	정석영	010-3333-3333	대구광역시 서구 서대구로
4	윈도우	심효일	010-4444-4444	부산광역시 금정구 중앙대로
5				
6				

hint
- 과정명 : [입력]–[표]–[표 만들기]에서 [1줄 1칸]
- 명단 : [입력]–[표]–[표 만들기]에서 [7줄 5칸]

2 작성한 '수강생명단' 표 서식을 적용해 보세요.

수강생명단

OA 과정

순번	수강과목	성명	연락처	주소
1	한글	이승화	010-1111-1111	서울특별시 금천구 가산디지털1로
2	엑셀	김지만	010-2222-2222	대구광역시 달서구 학산로
3	윈도우	정석영	010-3333-3333	대구광역시 서구 서대구로
4	윈도우	심효일	010-4444-4444	부산광역시 금정구 중앙대로
5				
6				

멀티미디어 과정 가

순번	수강과목	성명	연락처	주소
1	포토스케이프	김진수	010-5555-5555	경상북도 안동시 풍천면 도청대로
2	포토스케이프	이호동	010-6666-6666	경상북도 경산시 원효로
3	파워디렉터	김종현	010-7777-7777	서울특별시 종로구 세종대로21길
4	포토스케이프	곽연섭	010-8888-8888	대구광역시 중구 국채보상로
5	파워디렉터	류지현	010-9999-9999	강원특별자치도 춘천시 중앙로
6				

- 과정명 : [셀 테두리]는 실선, 굵기(5mm) 지정 후 배경색 변경 → 명단 : [셀 테두리]는
실선, 굵기(5mm) → 항목 줄 : [셀 테두리]는 이중실선 → 'OA 과정' 제목과 표를 선택
한 후 Ctrl+C → 나타낼 위치에 클릭한 후 Ctrl+V 하여 내용 수정

문서마당 활용하기

문서마당은 일상에서 자주 사용하는 문서를 서식 파일로 제공하는 기능입니다. 문서마당에서 필요한 문서를 찾아 내용을 수정하는 방법을 알아봅니다.

▎완성 화면 미리 보기

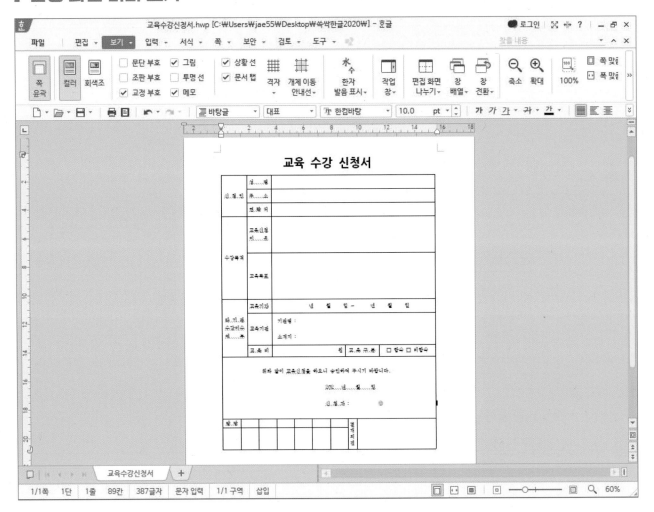

▎여기서 배워요!

문서 찾기, 수정하기

STEP 01　문서 열기

01 [파일]-[문서마당]을 차례대로 클릭합니다. '문서마당' 대화상자가 나타나면
[문서마당 꾸러미]-[_공공기관 문서]를 차례대로 클릭합니다. [교육수강신
청서]를 선택한 후 [열기]를 클릭합니다.

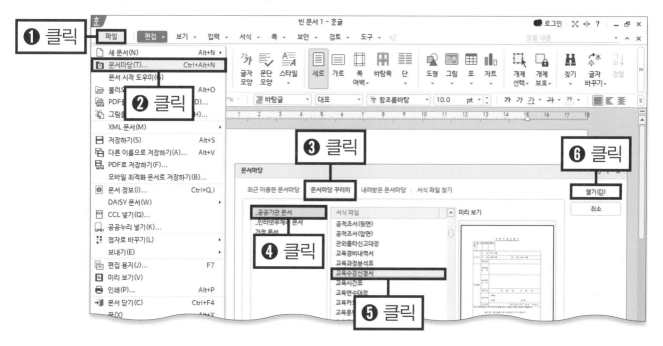

STEP 02　문서 편집하기

01 삽입된 문서를 수정하기 위해 [결재란] 셀을 선택합니다. 마우스 오른쪽 버
튼을 누른 후 [줄/칸 지우기]를 클릭합니다. [줄]을 선택하고 [지우기]를 클
릭합니다.

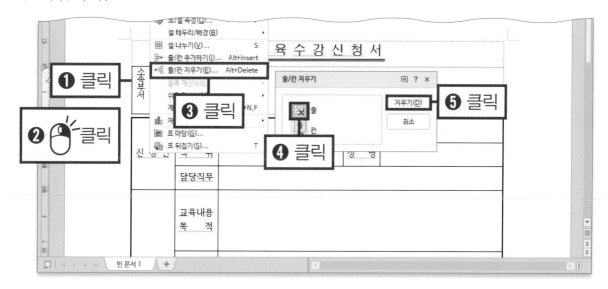

03 제목 칸에서 F5를 눌러 블록 설정한 후 '글꼴'은 [나눔스퀘어 ExtraBold], '글자 크기'는 [24pt]로 지정합니다.

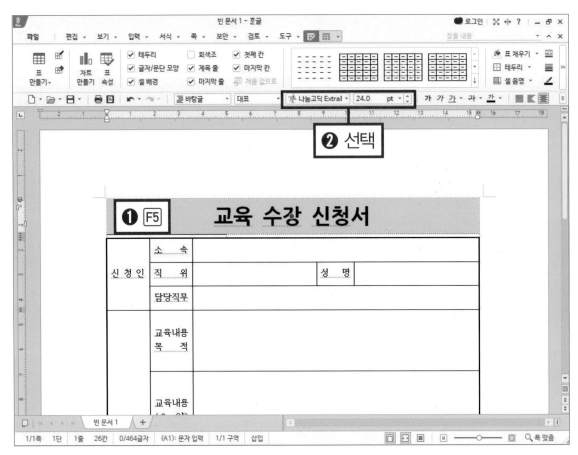

04 마우스 오른쪽 버튼을 누른 후 [셀 테두리/배경]–[각 셀마다 적용]을 차례 대로 클릭합니다. '셀 테두리/배경' 대화상자가 나타나면 '테두리'의 '종류'는 [없음]을 선택합니다. 적용할 범위는 [바깥쪽]을 클릭합니다.

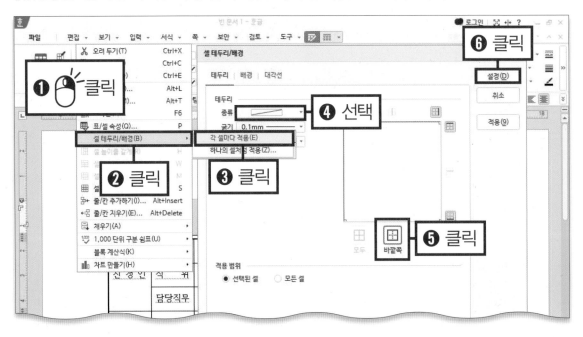

05 아래 그림을 참고하여 내용을 수정합니다. 두 번째의 '주소' 줄을 병합하기 위해 드래그하여 블록 설정한 후 마우스 오른쪽 버튼을 눌러 [셀 합치기]를 클릭합니다.

06 '수강목적' 셀을 나누기 위해 마우스 오른쪽 버튼을 눌러 [셀 나누기]를 클릭합니다. '줄 개수'를 [2]로 변경한 후 [나누기]를 클릭합니다.

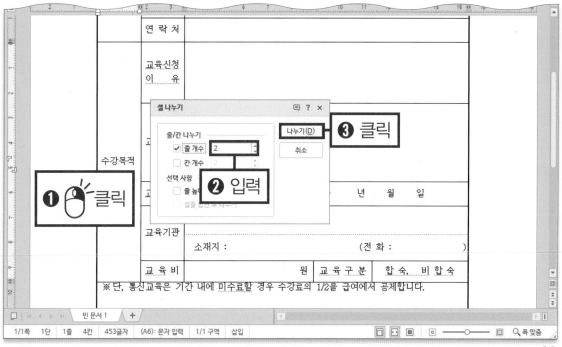

07 표의 나머지 부분도 아래 그림을 참고하여 내용을 수정합니다. 셀의 내용을 지우기 위해 드래그해 블록 설정한 후 Delete 를 누릅니다.

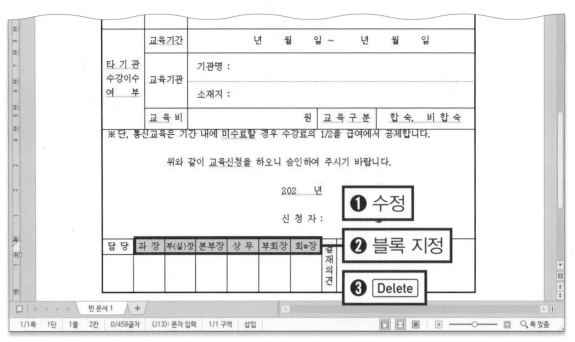

08 '합숙' 앞에 커서를 둔 후 Ctrl + F10 을 누릅니다. '문자표' 대화상자가 나타나면 [한글(HNC) 문자표]–[전각 기호(일반)]을 차례대로 클릭한 후 [ㅁ]를 선택합니다. '비합숙' 앞에도 같은 방법으로 [ㅁ]를 삽입합니다.

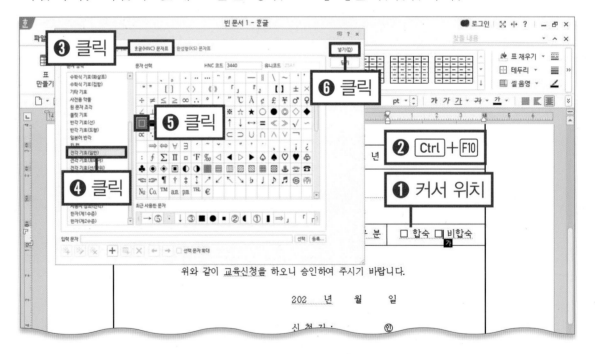

🪝 **조금 더 배우기**

[ㅁ]를 복사하기(Ctrl + C)하여 붙여넣기(Ctrl + V)할 수도 있습니다.

09 [확대/축소] 비율을 조절하여 완성된 전체 문서를 확인합니다.

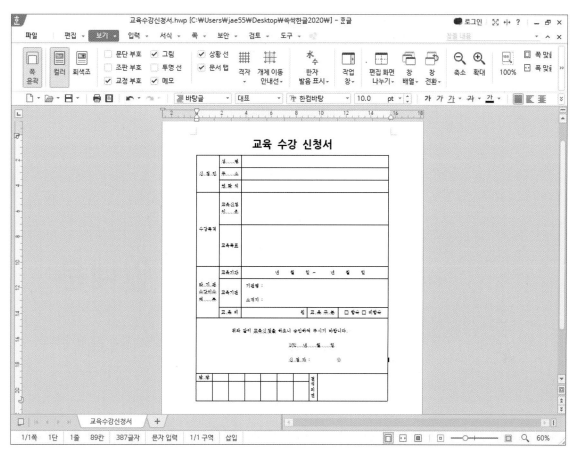

조금 더 배우기

수정한 '빈 문서1'을 저장하기 위해 [서식 도구 상자]에서 [저장](🖫)을 클릭합니다. 저장 폴더를 선택한 후 파일 명에 '교육수강신청서'를 입력하고 [저장]을 클릭합니다.

조금 더 배우기

[테두리-없음]을 설정한 경우 미리 보기에서 빨간 점선으로 보입니다. [보기] 탭-[투명선]이 선택되어 있지 않다면 빨간 점선이 보이지 않습니다.

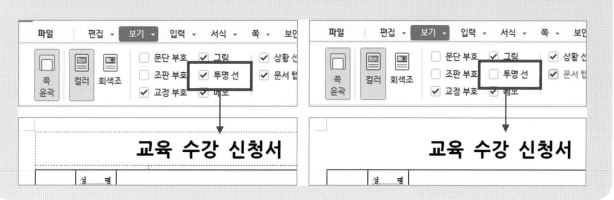

혼자서도 만들 수 있어요!

1 [문서마당]에서 '여름휴가안내문(회사)'를 열어 보세요.

hint [파일]–[문서마당]–[업무/기타 문서]에서 검색

2 '휴강 안내문'으로 수정하여 저장해 보세요.

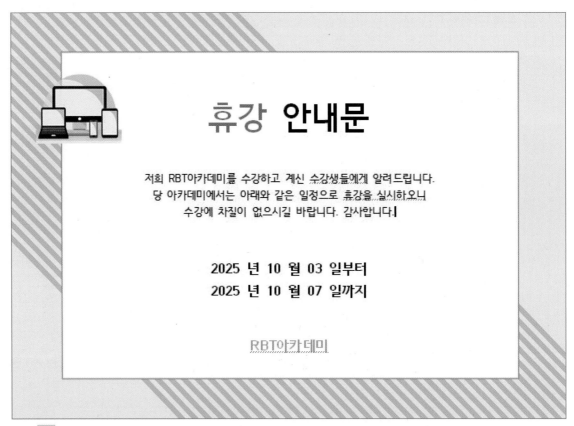

hint '비행기' 그림 클릭 → [그림]( )의 [그림 바꾸기]( )를 클릭한 후 [컴퓨터–1.png] 클릭

13

머리말/꼬리말 적용하기

POINT

머리말 기능을 이용하여 쪽마다 동일한 내용이 표시되게 하고 꼬리말 기능으로 쪽 번호를 삽입하는 방법을 알아봅니다.

▍완성 화면 미리 보기

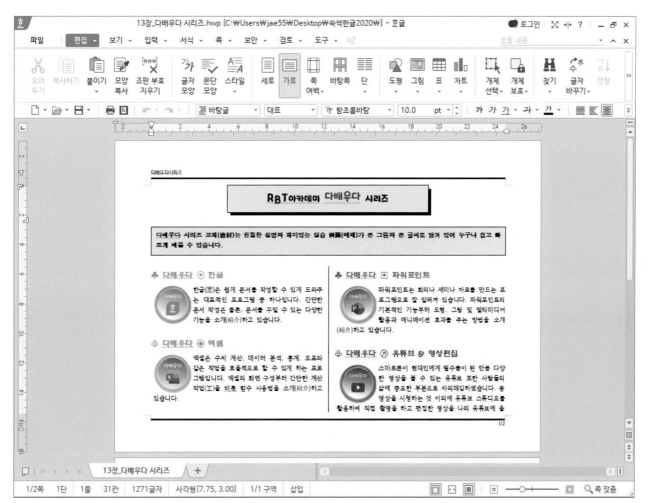

▍여기서 배워요!

머리말/꼬리말 삽입하기, 현재 쪽/전체 쪽 나타내기

머리말 적용하기

01 예제 파일 [13장_다배우다 시리즈.hwp]를 불러옵니다. [쪽] 탭의 [목록 단추]를 클릭한 후 [머리말/꼬리말]을 클릭합니다.

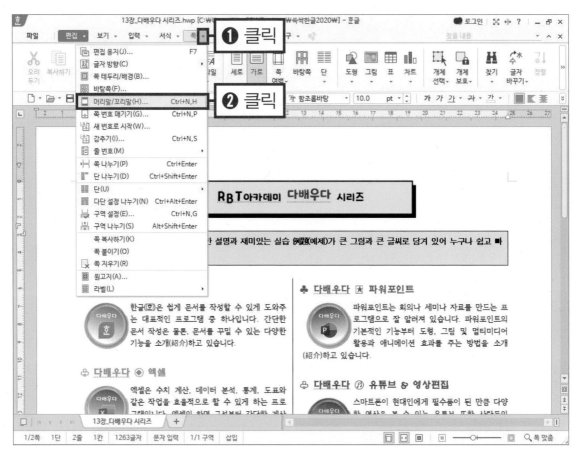

02 '머리말/꼬리말' 대화상자가 나타나면 '종류'에서 [머리말]을 선택한 후 [만들기]를 클릭합니다.

03 머리말 내용에 '다배우다시리즈'를 입력하고 Enter 를 누릅니다. [입력] 탭의
[목록 단추]를 클릭하고 [문단 띠]를 클릭합니다.

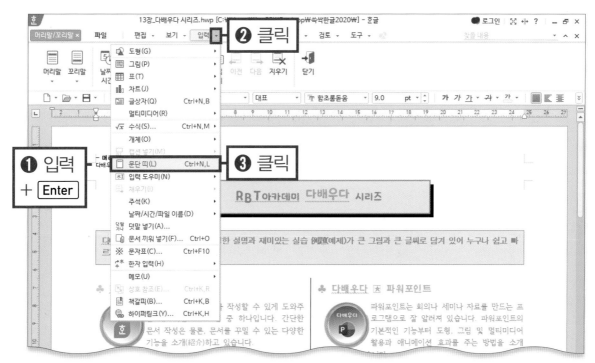

04 머리말에 입력된 내용과 문단 띠를 확인한 후 [닫기]를 클릭합니다.

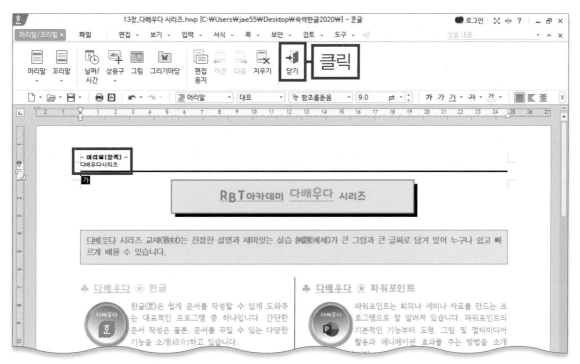

조금 더 배우기

[머리말/꼬리말] 나가기 단축키는 Shift + Esc 입니다.

꼬리말 적용하기

01 [쪽] 탭의 [목록 단추]–[머리말/꼬리말]을 차례대로 클릭합니다. '머리말/꼬리말' 대화상자에서 [꼬리말]을 선택한 후 [만들기]를 클릭합니다.

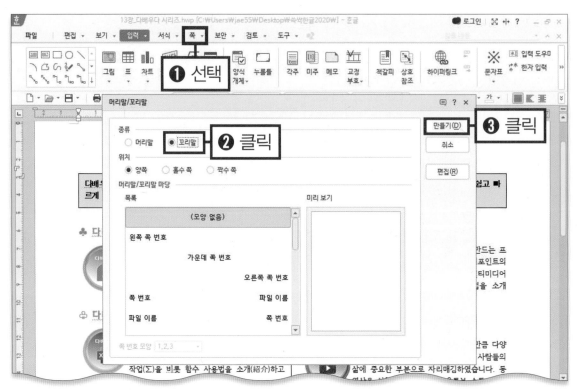

02 [입력] 탭의 [목록 단추]–[문단 띠]를 차례대로 클릭합니다. 삽입된 '문단 띠'를 아래쪽으로 배치합니다.

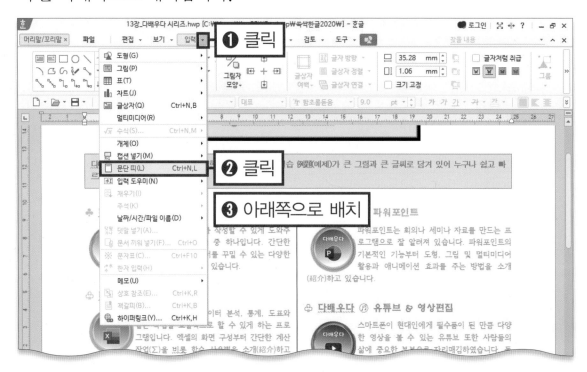

03 [머리말/꼬리말] 탭에서 [상용구]-[현재 쪽/전체 쪽수]를 차례대로 클릭합니다.

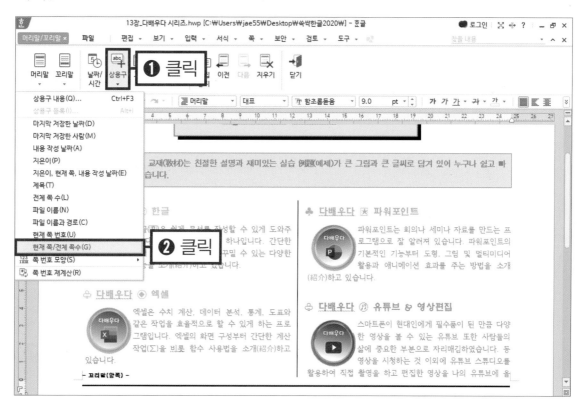

04 꼬리말에 삽입된 '현재 쪽/전체 쪽'을 오른쪽에 나타내기 위해 [서식 도구 상자]에서 [오른쪽 정렬]을 클릭합니다. [머리말/꼬리말] 탭의 [닫기]를 클릭합니다.

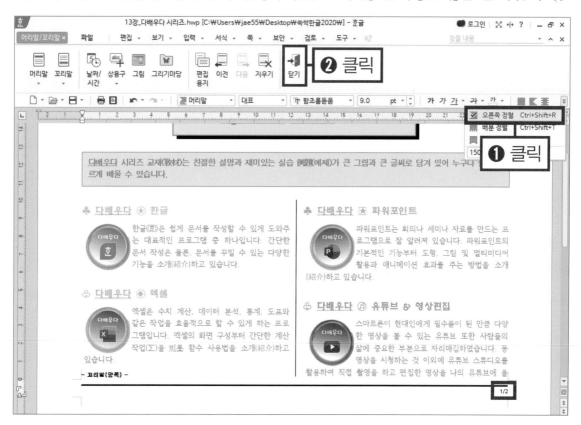

05 [머리말/꼬리말]이 적용된 문서를 확인합니다.

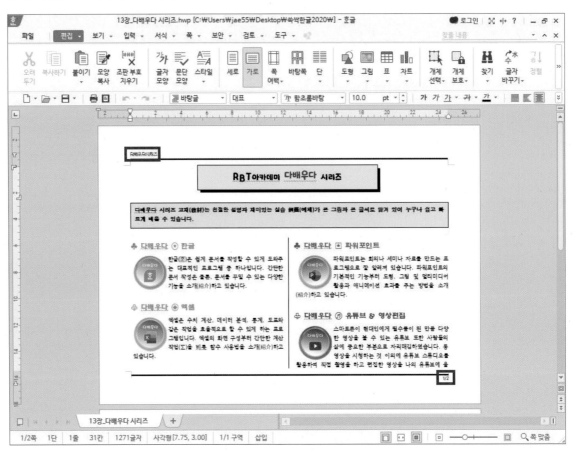

조금 더 배우기

조판 부호에 대해 알아봅니다.

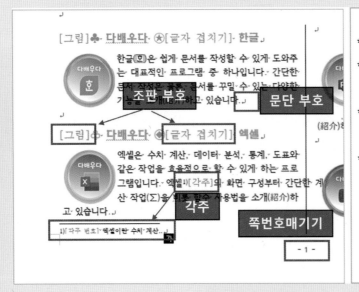

* 쪽번호매기기 : 현재 쪽만 표시
* 각주 : 특정 단어에 대한 설명
  (쪽 하단에 나타남)
* 문단 부호 :
  Enter 누른 위치만 표시됨(↵)
* 조판 부호 :
  표, 그림, 각주, 머리말/꼬리말, 쪽번호
  등 빨간색 글자로 표시됨
  Enter 누른 위치(↵),
  스페이스바 누른 위치(ˇ) 표시됨

인쇄하기

문서의 다양한 인쇄하기를 알아봅니다.

▌완성 화면 미리 보기

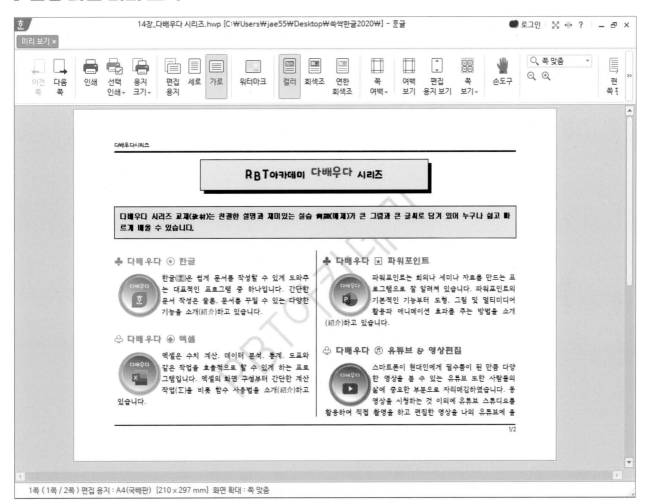

▌여기서 배워요!

인쇄하기, 워터마크 넣기, PDF로 인쇄하기, 그림으로 인쇄하기

STEP 01 인쇄하기

01 예제 파일 [14장_다배우다 시리즈.hwp]를 불러옵니다. 문서를 인쇄하기 위해 [서식 도구 상자]에서 [인쇄](🖶)를 클릭합니다. '인쇄' 대화상자가 나타나면 [기본] 탭에서 '인쇄 범위'와 '인쇄 매수'를 확인합니다. '인쇄 방식'을 [모아 찍기], [2쪽 씩]으로 선택한 후 [미리 보기]를 클릭합니다.

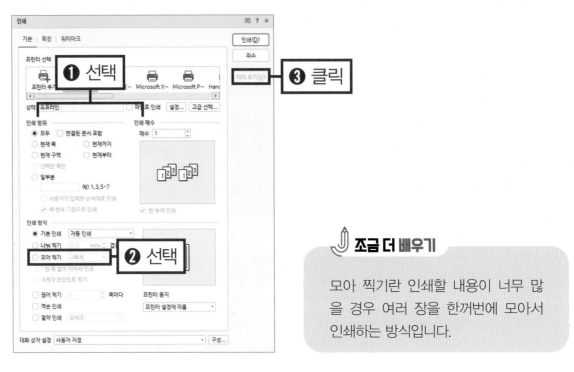

조금 더 배우기

모아 찍기란 인쇄할 내용이 너무 많을 경우 여러 장을 한꺼번에 모아서 인쇄하는 방식입니다.

02 미리 보기된 문서를 확인합니다.

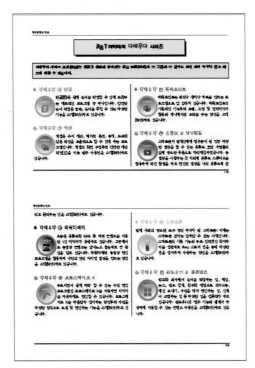

워터마크 넣기

01 인쇄 배경으로 글자가 같이 인쇄되도록 설정하기 위해 인쇄 [미리 보기] 탭에서 [워터마크]를 클릭합니다. '인쇄' 대화상자가 나타나면 [글자 워터마크]를 클릭한 후 '글자 입력'에 [RBT아카데미]를 입력합니다. '위치'는 [종이 기준], '배치'는 [글 뒤로]로 되어 있는지 확인한 후 [설정]을 클릭합니다.

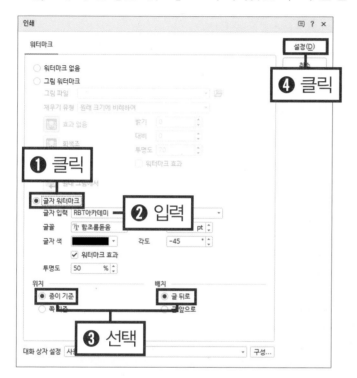

> **조금 더 배우기**
>
> 워터마크 설정 시 인쇄할 때마다 워터마크가 적용됩니다. [워터마크 없음]을 클릭하여 워터마크 설정을 해제하도록 합니다.

02 화면을 확인합니다. [Shift]+[Esc]를 눌러 미리 보기 화면에서 나옵니다.

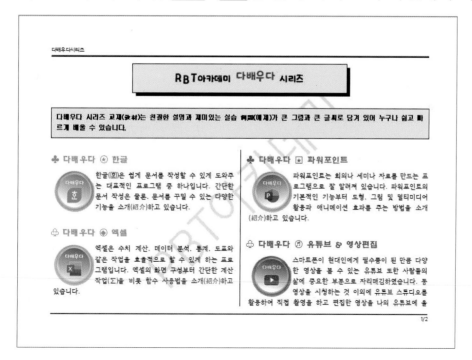

PDF 파일로 인쇄(저장)하기

01 [서식 도구 상자]에서 [인쇄](🖨)를 클릭합니다. '프린터 선택'에서 [Microsoft Print to PDF]를 선택한 후 [인쇄]를 클릭합니다.

조금 더 배우기

PDF로 저장은 [파일]–[PDF로 저장하기]로도 가능합니다. 인쇄 에서 프린트 선택의 PDF는 컴퓨 터에 설치된 프로그램에 따라 다 릅니다.

02 '인쇄 중' 대화상자가 나타난 후 '다른 이름으로 프린터 출력 저장' 대화상자 가 열립니다. 저장할 위치와 파일명을 입력하고 [저장]을 클릭합니다.

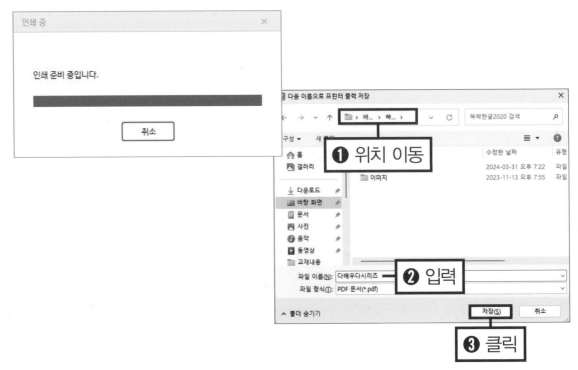

이미지 파일로 인쇄(저장)하기

01 이번에는 '인쇄' 대화상자에서 [그림으로 저장]을 클릭합니다. '인쇄 방식'을 [모아찍기 2쪽씩]으로 선택한 후 [인쇄]를 클릭합니다.

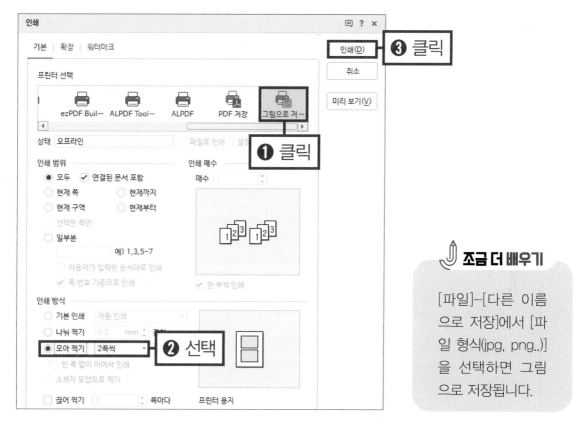

> 🖊 **조금 더 배우기**
>
> [파일]-[다른 이름으로 저장]에서 [파일 형식(jpg, png..)]을 선택하면 그림으로 저장됩니다.

02 '그림으로 저장하기' 대화상자가 나타나면 저장할 위치와 파일명을 입력한 후 '파일 형식'을 클릭하여 [PNG]를 선택합니다. [선택 사항]을 클릭한 후 '해상도'를 [고 해상도]로 선택합니다. [확인]-[저장]을 차례대로 클릭합니다.

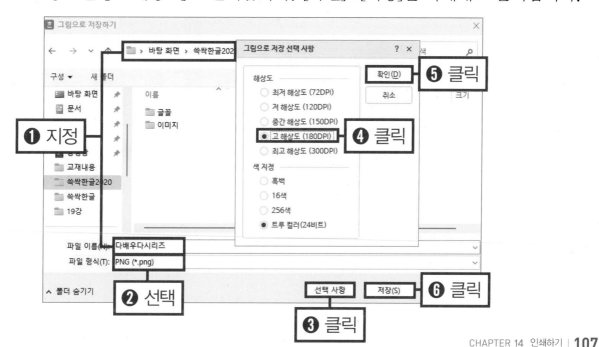

03 PDF 파일과 PNG 파일이 있는 폴더를 연 후 저장된 파일을 확인합니다.

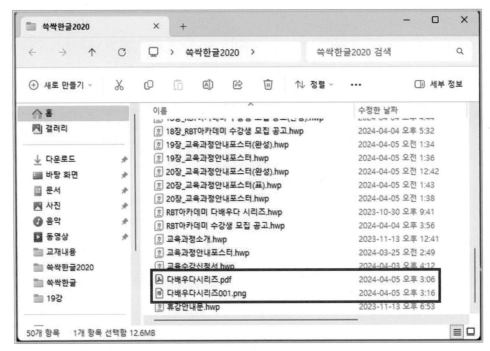

04 각각의 파일을 더블 클릭하여 결과를 확인합니다.

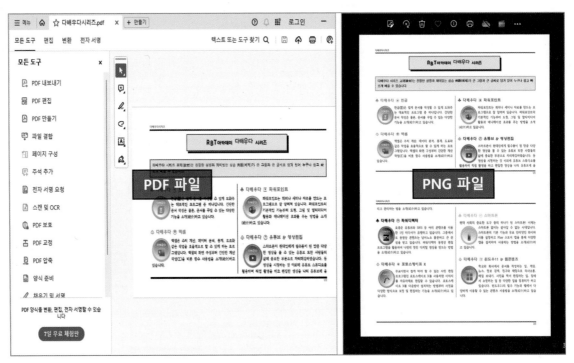

15 메일머지에 사용할 수료증 양식 만들기

POINT

메일머지란 여러 사람의 이름, 주소 등이 들어 있는 '데이터 파일'과 '서식 파일'을 결합하여 이름, 직책 등의 부분만 다르고 나머지 내용을 동일하게 하여 수백, 수천의 편지지 또는 상장을 한꺼번에 만드는 기능입니다. 상장 테두리와 직인 그림을 활용한 메일머지에 사용할 수료증 양식의 서식 파일을 만들어 봅니다.

▌완성 화면 미리 보기

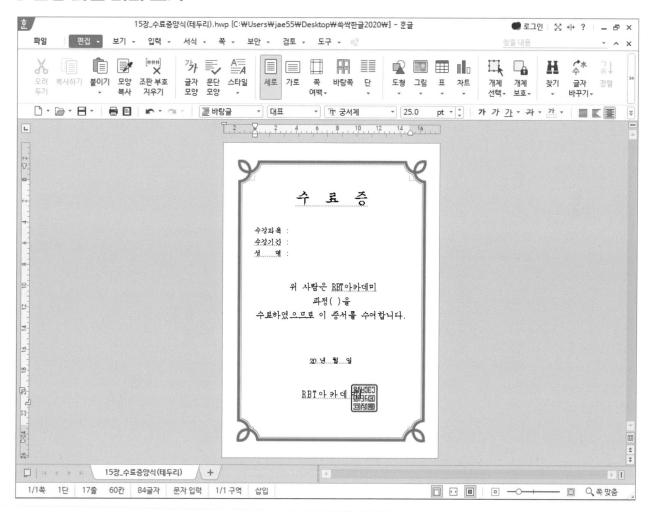

▌여기서 배워요!

수료증 테두리 삽입하여 개체 보호하기, 직인 삽입하기

수료증 테두리 삽입하여 개체 보호하기

01 예제 파일 [15장_수료증양식.hwp]를 불러옵니다.

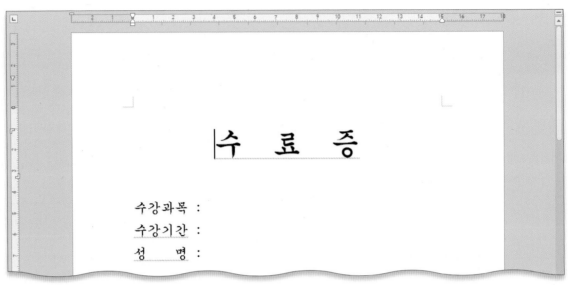

02 [편집] 탭에서 [그림]을 클릭합니다. 다운로드받은 [이미지] 폴더에서 [수료증테두리.png] 파일을 선택합니다. 아래 [문서에 포함]과 [마우스로 크기 지정]을 각각 클릭하여 선택한 후 [열기]를 클릭합니다.

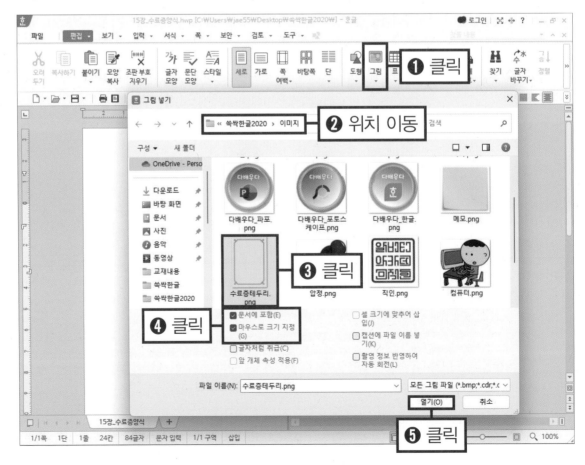

03 '수료증테두리' 그림을 종이 크기에 맞게 드래그합니다. 그림을 더블 클릭한 후 '개체 속성' 대화상자에서 [글 뒤로]를 선택합니다. [설정]을 클릭합니다.

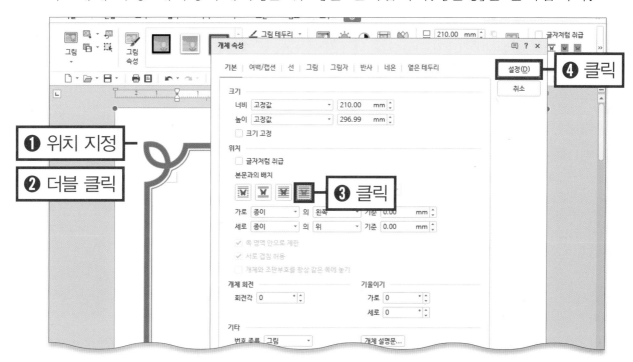

04 '수료증테두리'를 배경처럼 만들기 위해 [수료증테두리]를 클릭합니다. [그림](🌼) 탭에서 [개체 보호]-[개체 보호하기]를 차례대로 클릭합니다.

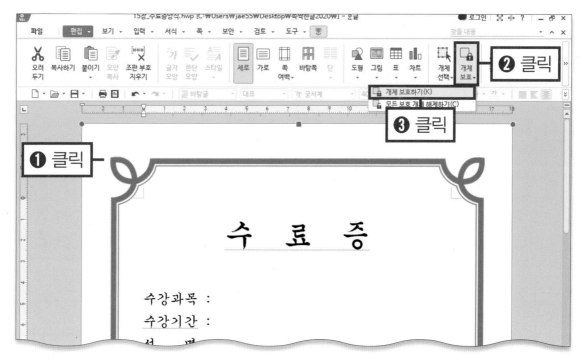

🌙 **조금 더 배우기**

'개체 보호하기'를 설정하면 개체가 선택되지 않습니다. 여러 개체를 사용할 때 유용합니다.

직인 삽입하기

01 문서 화면을 아래로 위치합니다. [편집] 탭에서 [그림]을 클릭합니다. 다운로드받은 [이미지] 폴더에서 [직인.png] 파일을 선택합니다. 아래 [문서에 포함]과 [마우스로 크기 지정]을 각각 클릭하여 선택한 후 [열기]를 클릭합니다.

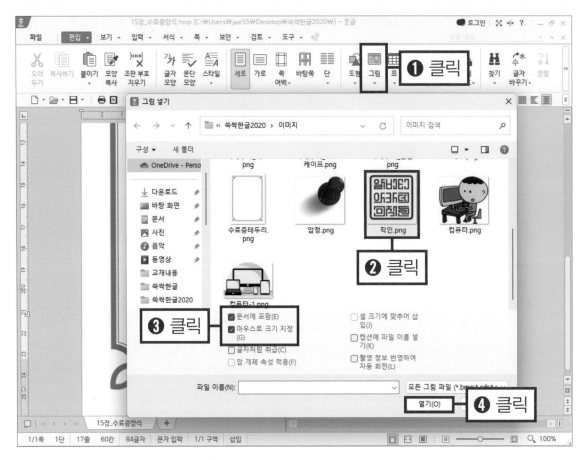

02 그림을 배치할 위치에 드래그하여 삽입합니다. 조절점으로 크기를 조절합니다.

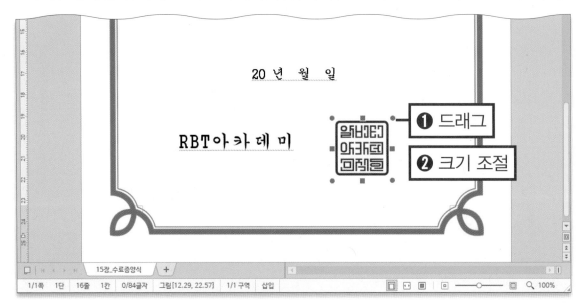

03 그림을 더블 클릭합니다. '개체 속성' 대화상자가 나타나면 [기본] 탭의 '글자
와의 배치'에서 [글 앞으로]를 선택합니다. [그림] 탭을 클릭한 후 '그림 효과'
를 [밝기 20%], [대비 −20%]로 변경합니다. [설정]을 클릭합니다.

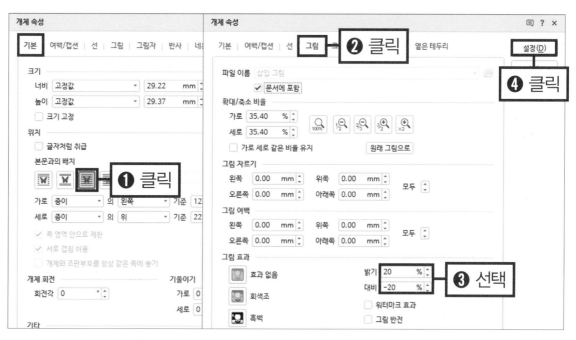

🔖 **조금 더 배우기**

'본문과의 배치'는 7강을 참고합니다.

04 완성된 문서를 확인한 후 [저장하기] 또는 [다른 이름으로 저장하기]를 합니다.

조금 더 배우기

바탕쪽이란?

[양쪽], [홀수 쪽], [짝수 쪽]에 동일한 서식을 꾸밀 때 활용합니다. [글 뒤로]를 선택하지 않아도 되며, 개체가 선택되지 않습니다.

❶ [쪽] 탭의 [목록 상자]–[바탕쪽]을 클릭합니다.

❷ 모든 쪽에 다 적용되게 하기 위해 [양쪽]을 선택합니다.

❸ [바탕쪽] 탭의 [그림]을 클릭하여 해당하는 그림을 선택합니다.

❹ 그림을 드래그합니다.

❺ [바탕쪽] 탭을 [닫기]합니다.

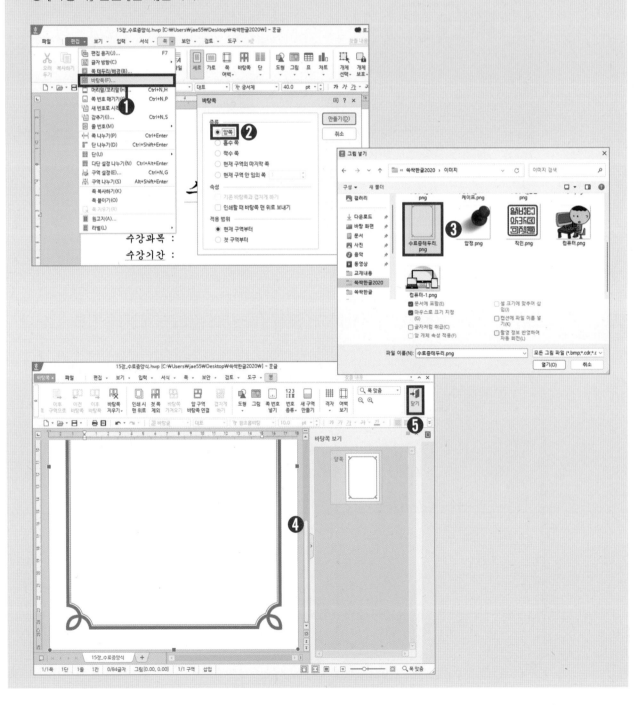

16

메일머지 기능으로 수료증 발급하기

15강에서 작성한 '수료증 양식' 서식 파일을 이용하여 메일머지를 작성합니다.

▌ 완성 화면 미리 보기

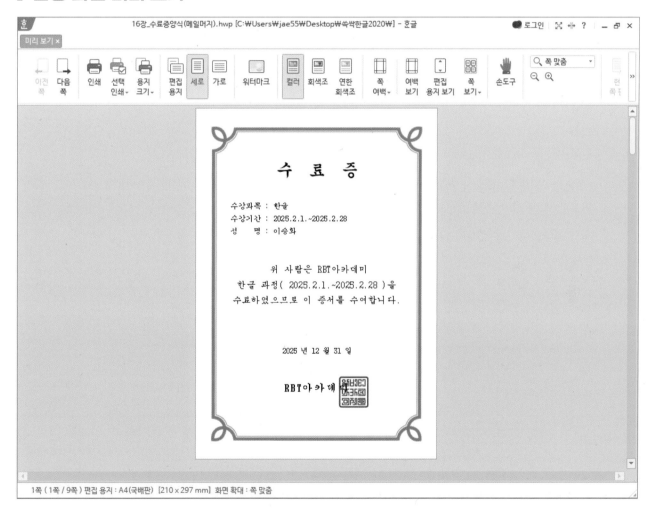

▌ 여기서 배워요!

메일머지 표시 달기, 메일머지 만들기

메일머지 표시 달기

01 예제 파일 [16강_수료증양식.hwp]를 불러옵니다.

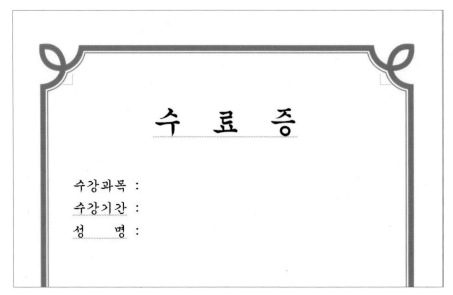

02 '수강과목 :' 글자 뒤에 커서를 두고 [도구] 탭에서 [목록 상자]-[메일 머지]-[메일 머지 표시 달기]를 차례대로 클릭합니다. '메일 머지 표시 달기' 대화상자가 나타나면 [필드 만들기] 탭을 클릭한 후 숫자 [1]을 입력합니다. [넣기]를 클릭합니다.

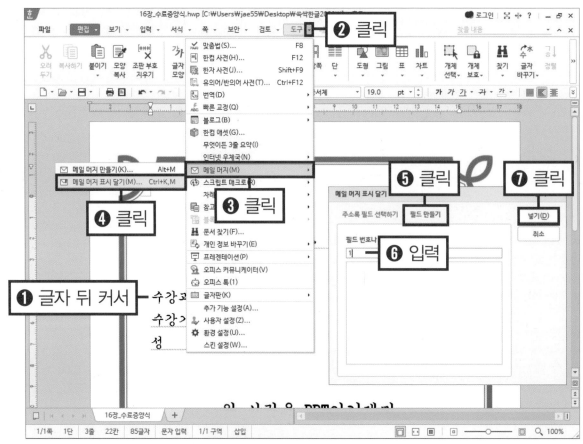

03 동일한 방법으로 아래 그림을 참고하여 문서를 완성합니다.

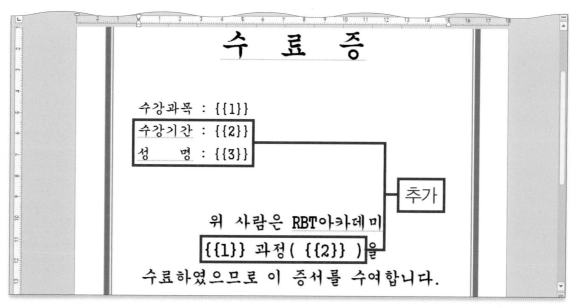

조금 더 배우기

원본 파일과 수정된 파일을 구분하기 위해서 [파일]–[다른 이름으로 저장하기]를 클릭합니다.

04 메일머지에 적용할 명단을 불러오기 위해 [새 탭](+)을 클릭한 후 [서식 도구 상자]의 [불러오기](📁)를 클릭합니다. 예제 파일 [16강_수강생명단.hwp] 를 선택한 후 [열기]를 클릭합니다.

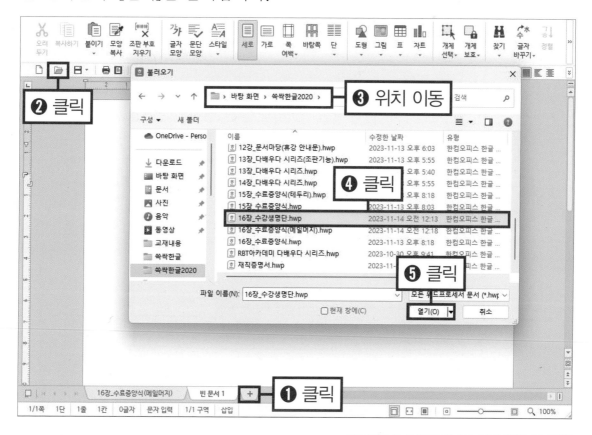

05 화면에 표시된 명단을 확인합니다. 메일머지를 적용할 숫자 입력을 위해 '한글' 앞에 커서를 위치시킨 후 숫자 '3'을 입력하고 Enter 를 누릅니다. 저장합니다.

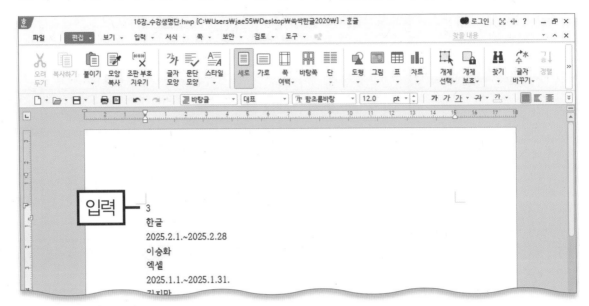

🖱 **조금 더 배우기**

'메일 머지 필드 만들기'를 사용하였다면 반드시 필드에 적용한 숫자를 데이터 파일에 표기해줘야 합니다.

STEP 02 메일머지 만들기

01 '메일머지 표시 달기'를 한 문서를 클릭합니다. [도구] 탭의 [목록 상자]를 클릭한 후 [메일 머지]−[메일 머지 만들기]를 차례대로 클릭합니다.

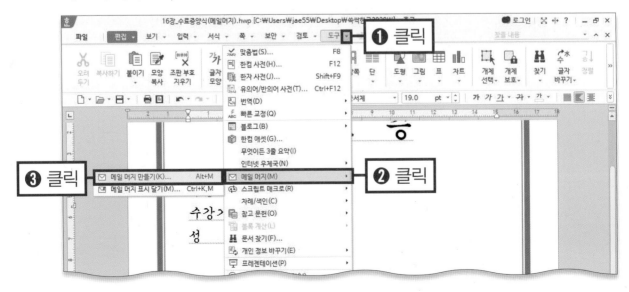

02 '메일 머지 만들기' 대화상자가 나타나면 [훈글 파일]을 선택합니다. [목록 버튼]을 클릭한 후 메일 머지 데이터 파일을 선택합니다. '출력 방향'을 [화면]으로 선택한 후 [만들기]를 클릭합니다.

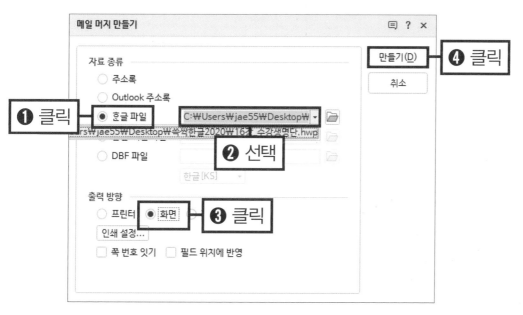

03 완성된 문서가 인쇄 미리 보기로 나타납니다.

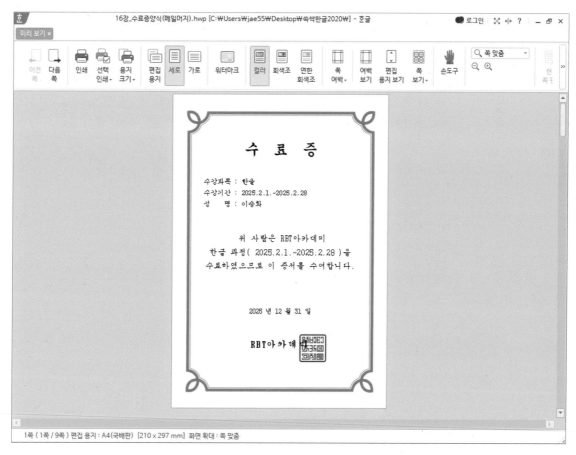

수강 안내
공고문 만들기

POINT

17~18강은 안내 게시판에 게시할 공고문을 작성합니다.

▌완성 화면 미리 보기

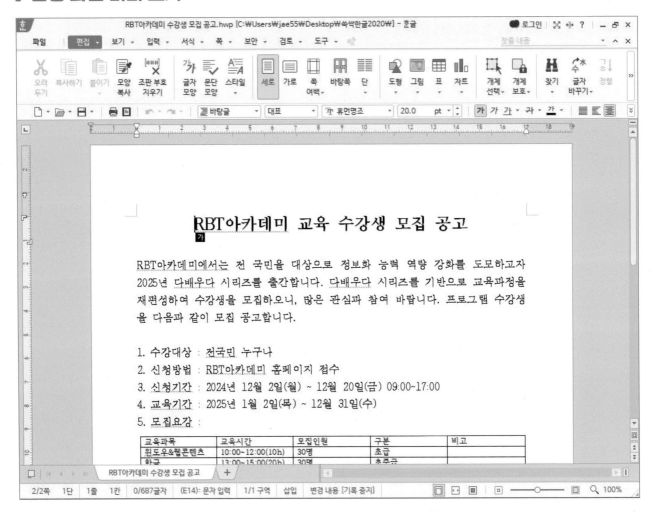

▌여기서 배워요!

편집 용지 설정하기, 표 만들기, 저장하기

01 [한글 2020]을 실행한 후 F7을 누릅니다. '편집 용지' 대화상자가 나타나면 '위쪽', '아래쪽', '왼쪽', '오른쪽'은 각각 [20mm], '머리말', '꼬리말'은 각각 [10mm]로 입력한 후 [설정]을 클릭합니다.

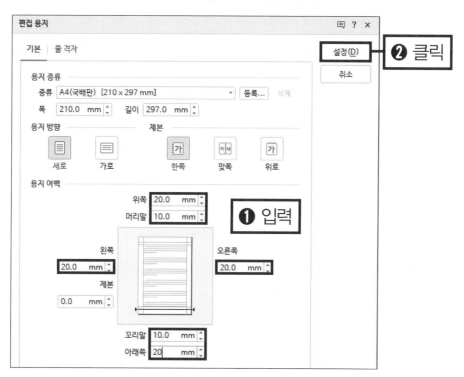

02 아래 그림을 참고하여 내용을 입력하거나 [17장_RBT아카데미 수강생 모집 공고.hwp] 예제 파일을 불러옵니다.

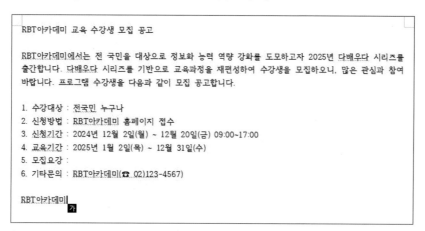

🌙 **조금 더 배우기**

'1.'을 입력 후 Enter 를 누르면 '개요번호'가 적용되어 '2.'가 자동으로 입력됩니다. Enter 를 한 번 더 누르면 번호가 지워집니다.

03 [파일]-[다른 이름으로 저장]을 클릭한 후 파일명을 입력합니다. [저장]을 클릭합니다.

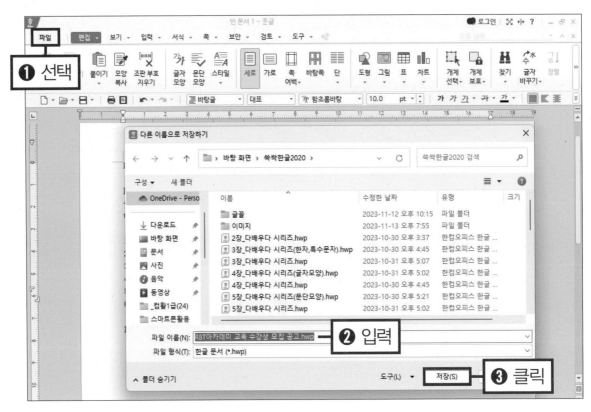

STEP 02 **표 입력하기**

01 '5. 모집요강 :'에서 Enter 를 두 번 눌러 개요번호가 나타나지 않게 한 후 Ctrl + N + T 를 누릅니다. '표 만들기' 대화상자가 나타나면 '줄 개수'는 [14], '칸 개수'는 [5]를 입력한 후 [글자처럼 취급]을 체크합니다. [만들기]를 클릭합니다.

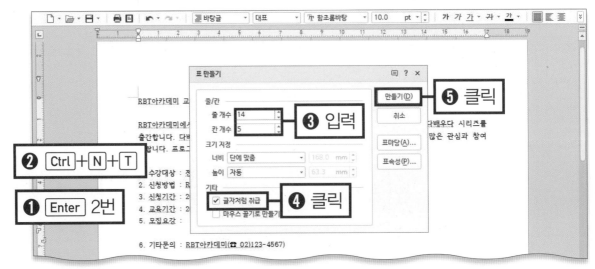

02 아래 그림을 참고하여 표 안 내용을 입력하거나 [17장_RBT아카데미 수강생 모집 공고(표).hwp] 예제 파일을 불러옵니다.

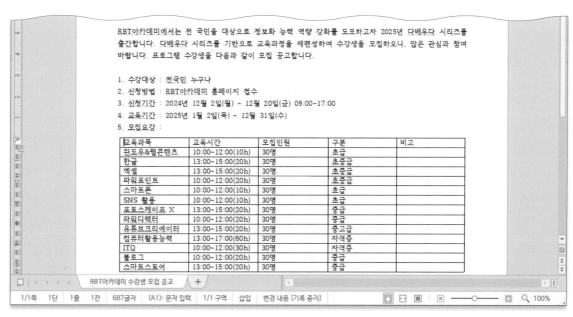

내용 서식 적용하기

01 문서 전체 글꼴 및 크기를 변경하기 위해 Ctrl+A를 누릅니다. [서식 도구 상자]에서 '글꼴'은 [휴먼명조], '글자 크기'는 [13pt]로 변경합니다.

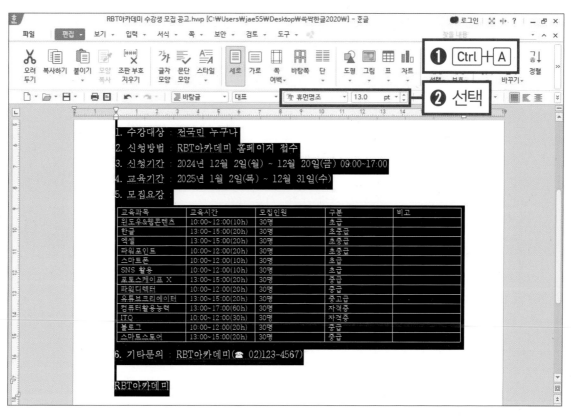

02 제목만 블록 설정한 후 [서식 도구 상자]에서 '글자 크기'는 [20pt], [진하게], [가운데 정렬]로 지정합니다.

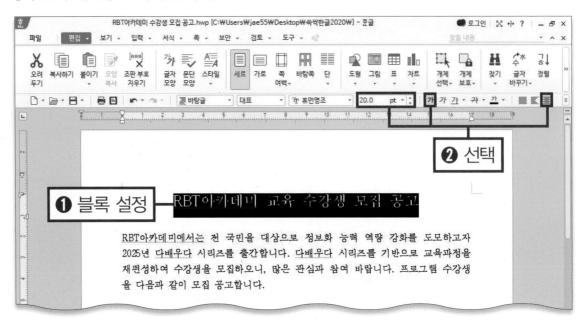

03 문서의 마지막 상호명을 블록 설정한 후 마우스 오른쪽 버튼을 눌러 [글자 모양]을 클릭합니다. '기준 크기'는 [20pt], '자간'은 [20%], '속성'은 [진하게]를 선택한 후 [설정]을 클릭합니다. [서식 도구 상자]에서 [가운데 정렬]을 클릭합니다. 파일을 저장합니다.

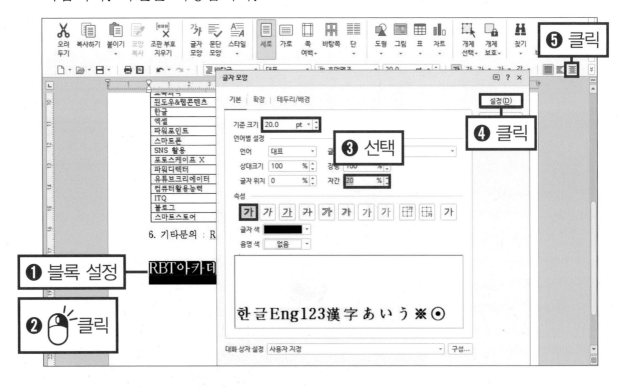

POINT

17강에 이어 공고문 문서를 완성합니다.

▌완성 화면 미리 보기

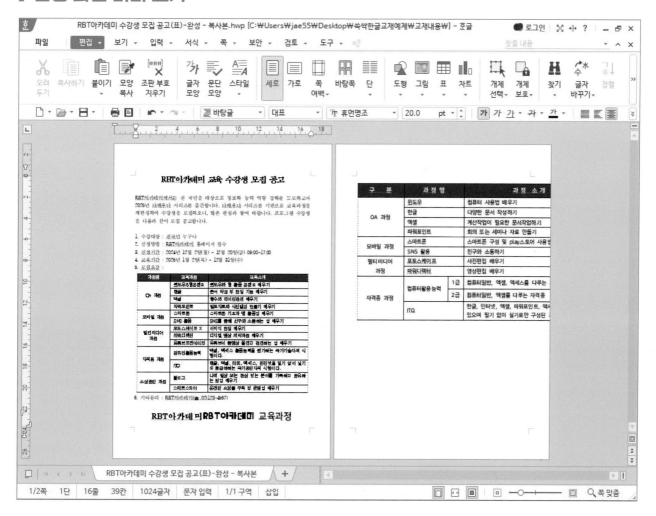

▌여기서 배워요!

표 편집하기, 문서 끼워 넣기

모집 요강 표 편집하기

01 17강을 이어 작성하거나 [18장_RBT아카데미 수강생 모집 공고.hwp] 예제 파일을 불러옵니다.

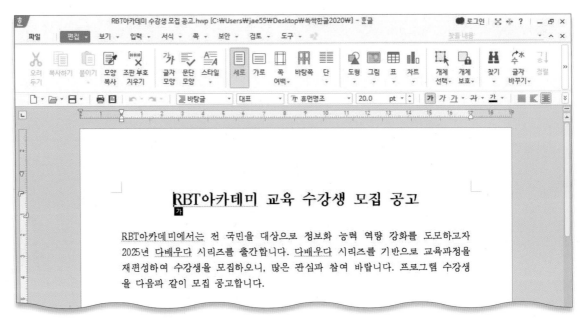

02 문서 전체를 블록 설정하여 서식을 변경하여도 표 안의 서식은 변경되지 않습니다. 표 안에 서식을 적용하기 위해 표 전체를 드래그하여 블록 설정한 후 [서식 도구 상자]에서 '글꼴'은 [HY중고딕], '글자 크기'는 [11pt]로 변경합니다.

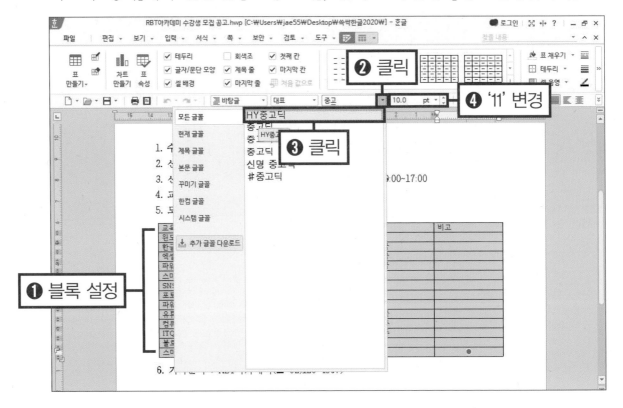

03 글자 크기 변경으로 표가 흐트러집니다.

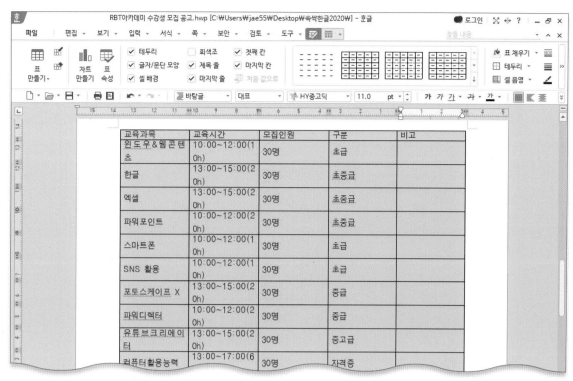

04 셀의 너비를 조절하기 위해 ⬌가 나타날 때 드래그하여 너비를 조절합니다. Ctrl + ↓를 세 번 눌러 높이도 조절합니다.

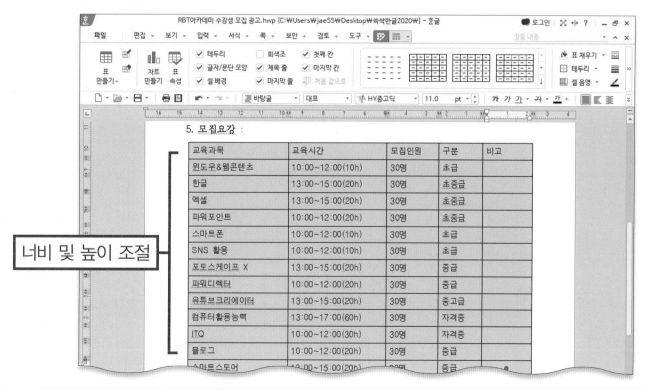

너비 및 높이 조절

 **조금 더 배우기**

줄/칸 셀 크기 조절은 [10강]을 참고합니다.

05 표 전체가 선택된 상태에서 ㄴ을 눌러 '셀 테두리/배경' 대화상자를 엽니다. '테두리 종류'는 [실선], '굵기'는 [0.5mm]로 설정한 후 [바깥쪽]을 클릭합니다. [설정]을 클릭합니다.

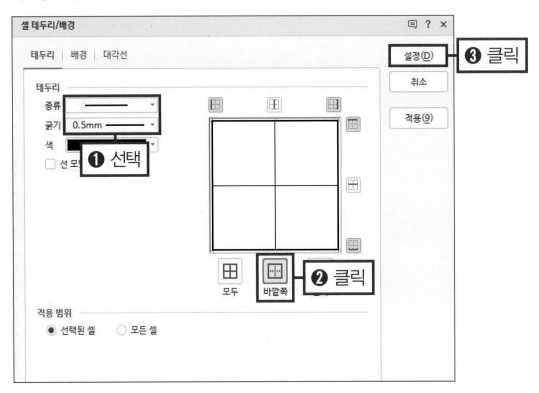

06 표의 첫 번째 줄을 드래그하여 블록 설정한 후 ㄴ을 누릅니다. '셀 테두리/ 배경' 대화상자가 나타나면 '테두리 종류'를 [이중 실선]으로 설정한 후 [아래쪽]을 클릭합니다. [설정]을 클릭합니다.

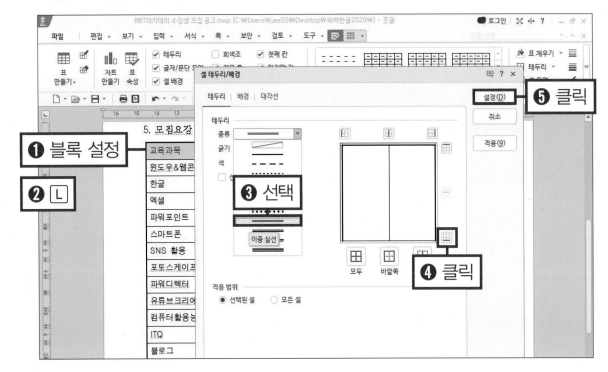

07 [서식 도구 상자]에서 [진하게], [가운데 정렬]을 이용하여 아래와 같이 표 내용에 적용합니다.

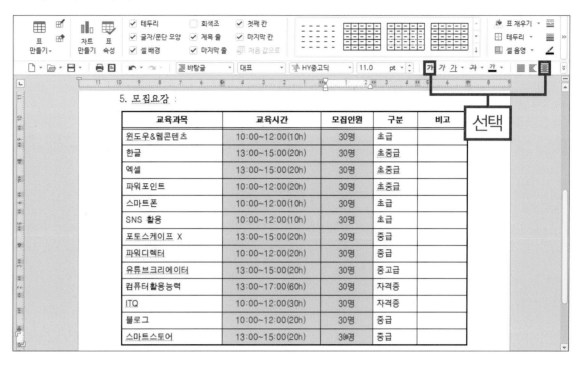

STEP 02 **문서 끼워 넣기**

01 문서 내용 맨 끝을 클릭합니다. [입력] 탭의 [목록 단추]–[문서 끼워 넣기]를 차례대로 클릭합니다.

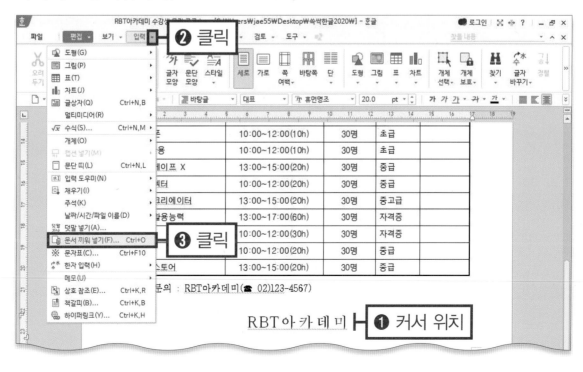

02 '문서 끼워 넣기' 대화상자가 나타나면 다운로드받은 [교육과정소개.hwp] 파일을 선택한 후 아래에 [글자 모양 유지], [스타일 유지], [문단 모양 유지], [쪽 모양 유지]가 선택되어 있는지 확인한 후 [넣기]를 클릭합니다. 완성된 문서를 확인합니다.

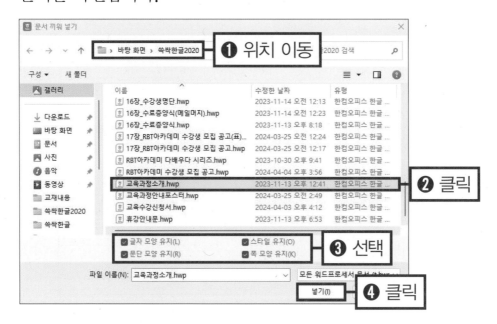

조금 더 배우기

'문서 끼워 넣기'는 여러 다양한 방법으로 작성한 문서들을 합칠 때 유용합니다. [쪽 모양 유지]가 선택되면 '용지 방향', '여백' 등 문서를 그대로 불러올 수 있습니다.

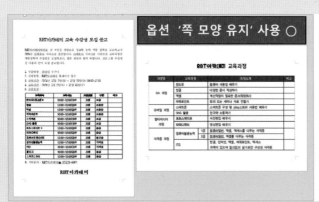

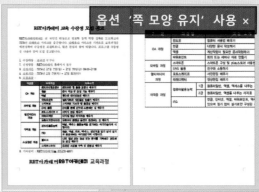

수강 안내
포스터 만들기

19~20강은 글맵시, 도형, 개체를 이용한 수강 안내 포스터를 작성합니다.

▌ 완성 화면 미리 보기

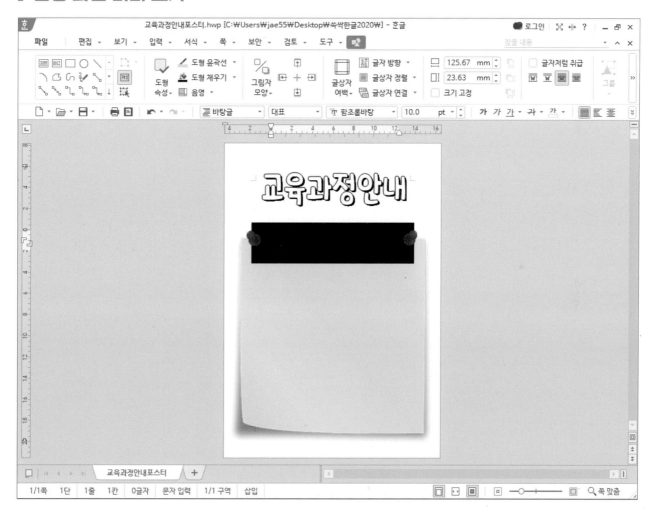

▌ 여기서 배워요!

글맵시 이용하기, 그림 삽입하기, 도형 이용하기

01 [한글 2020]을 실행합니다. [입력] 탭의 [글맵시]를 클릭합니다. '글맵시 만들기' 대화상자가 나타나면 '교육과정안내'를 입력한 후 '글맵시 모양'은 [사각형], '글꼴'은 [안동엄마까투리]를 선택합니다. [설정]을 클릭합니다.

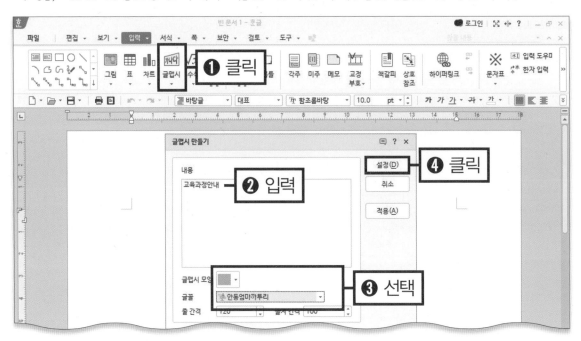

02 '교육과정안내'를 더블 클릭합니다. '개체 속성' 대화상자가 나타나면 [기본] 탭에서 '본문과의 배치'는 [어울림], '가로'와 '세로' 모두 [종이]를 선택합니다.

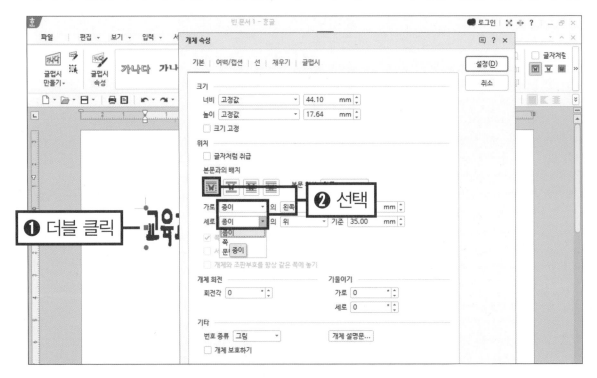

03 이번에는 [선] 탭에서 '선 색'은 [검정(RGB:0,0,0)], '종류'는 [실선], '굵기'는 [0.5mm]를 선택합니다. [채우기] 탭에서 [색]을 선택한 후 '면 색'은 [하양 (RGB:255,255,255)]를 선택합니다. [글맵시] 탭에서 '그림자'를 [비연속]으로 선택한 후 '색'은 [검정(RGB:0,0,0)], 'X 위치'는 [1%], 'Y 위치'는 [4%]를 선택합니다. [설정]을 클릭합니다.

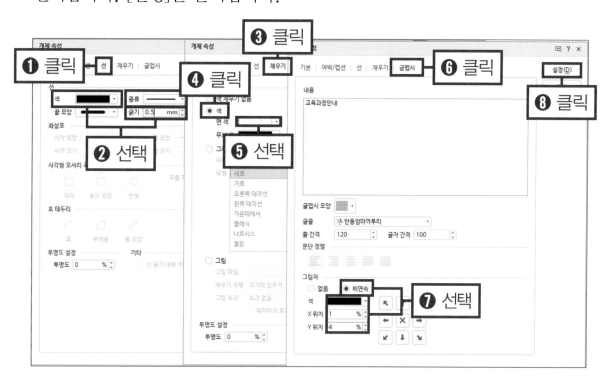

04 서식이 적용된 글맵시의 크기를 조절하여 배치합니다.

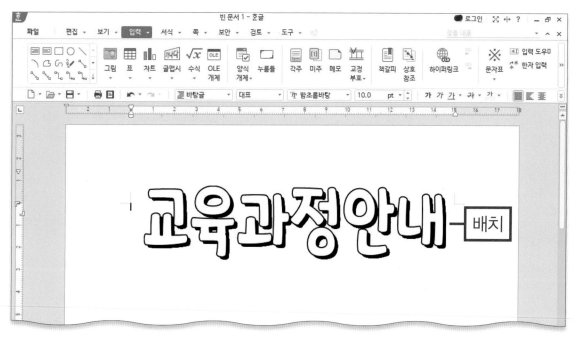

05 [저장]을 클릭하여 파일명을 입력하고 [저장]합니다. 문서 작성을 위해 [확대/축소]에서 [쪽 모양]을 선택합니다.

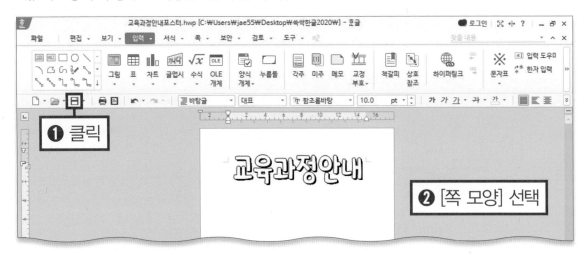

STEP 02 # 그림 배치하기

01 '메모' 그림을 넣기 위해 [입력] 탭에서 [그림]을 클릭합니다. '그림 넣기' 대화상자가 나타나면 다운로드받은 [메모.png] 파일을 선택한 후 [문서에 포함], [마우스로 크기 지정]을 클릭합니다. [열기]를 클릭합니다.

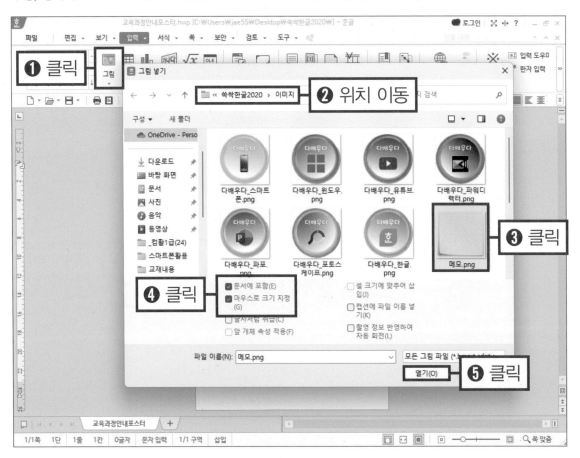

02 아래 화면을 참고하여 그림을 배치합니다.

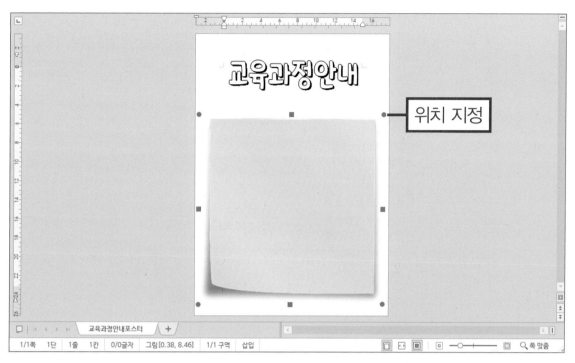

03 그림을 더블 클릭합니다. '개체 속성' 대화상자가 나타나면 [기본] 탭의 '크기'에서 '너비'는 [200mm], '높이'는 [200mm]로 입력합니다. '글자와의 배치'는 [어울림], '가로'와 '세로'는 [종이]로 지정한 후 [설정]을 클릭합니다.

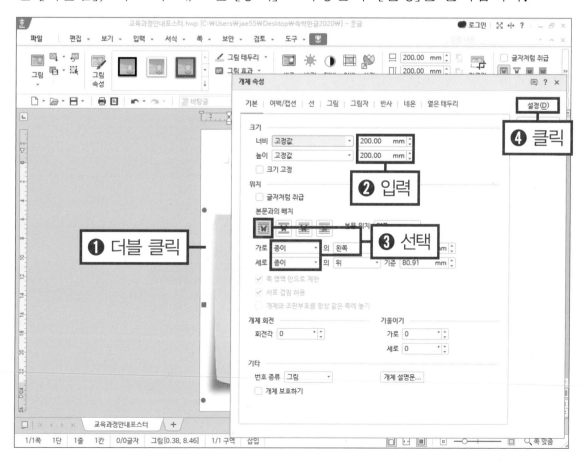

04 [편집] 탭의 [도형]을 클릭한 후 [직사각형]을 선택하여 아래와 같이 드래그하여 배치합니다. 삽입된 직사각형을 선택하면 [도형] 탭이 나타납니다. [도형 윤곽선]의 [목록 단추]를 클릭한 후 [없음]을 클릭합니다.

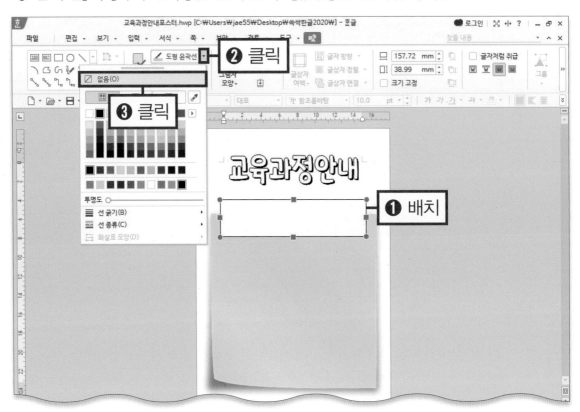

05 [도형 채우기]의 [목록 단추]를 클릭한 후 [검정(RGB:0,0,0)]을 클릭합니다.

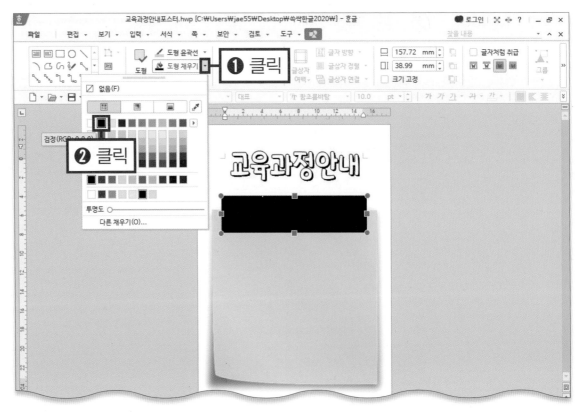

06 메모지에 핀을 꽂은 것처럼 표현하기 위해 [편집] 탭의 [그림]을 클릭한 후 [이미지] 폴더에서 [압정.png] 파일을 선택합니다. [문서에 포함]과 [마우스로 크기 지정]을 확인한 후 [열기]를 클릭합니다. 직사각형 오른쪽에 드래그합니다.

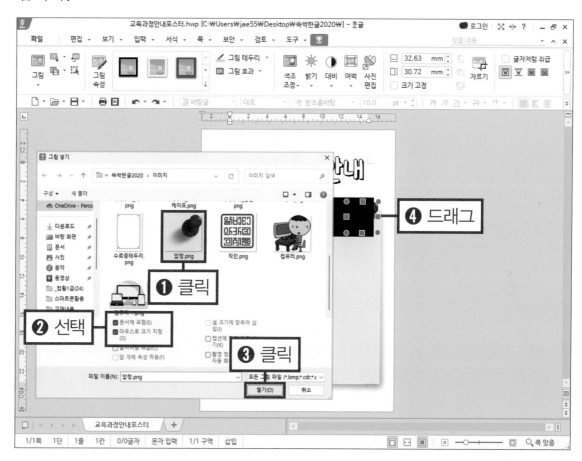

07 직사각형 뒤에 '압정' 이미지가 가려집니다. 가려진 '압정' 이미지를 나타내기 위해 [그림] 탭에서 [글 앞으로]를 클릭합니다.

08 왼쪽에도 똑같은 크기의 '압정' 이미지를 넣기 위해 [압정] 이미지를 클릭한 후 Ctrl + C, Ctrl + V를 누릅니다. 복사된 이미지를 확인합니다.

09 복사된 [압정] 이미지를 왼쪽으로 드래그합니다. 방향을 바꾸기 위해 [그림] 탭에서 [회전]-[좌우 대칭]을 차례대로 클릭합니다. 방향이 바뀐 '압정' 이미지를 확인하고 위치를 조정합니다. [저장]을 누릅니다.

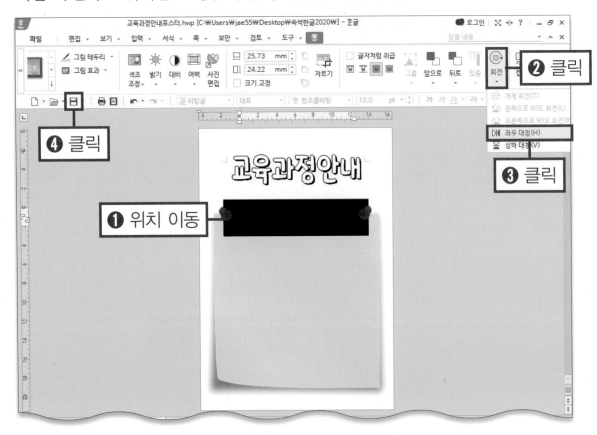

CHAPTER 20 | 수강 안내 포스터 완성하기

19강에 이어 수강 안내 포스터를 완성합니다.

완성 화면 미리 보기

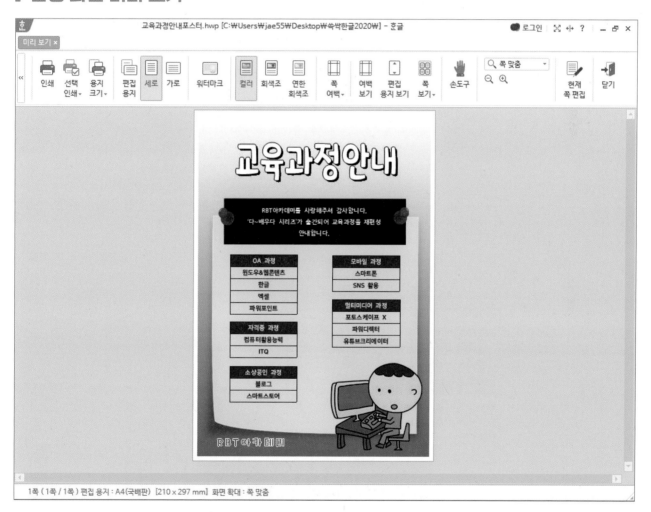

여기서 배워요!

글상자, 표, 그림, 도형 이용하기

STEP 01 글상자 이용하기

01 19강 작업을 이어가거나 [20장_교육과정안내포스터.hwp] 예제 파일을 불러옵니다. [편집] 탭에서 [도형]-[가로 텍스트 상자]를 클릭한 후 검정 직사각형 위에 드래그합니다.

02 아래를 참고하여 내용을 입력한 후 [도형] 탭의 '도형 윤곽선' 및 '도형 채우기'를 [없음]으로 각각 선택합니다.

03 [서식 도구 상자]에서 [글자 색]의 [목록 단추]를 클릭한 후 [하양(RGB: 255,255,255)]를 클릭합니다.

04 표를 만들기 위해 [편집] 탭에서 [표]를 클릭합니다. '표 만들기' 대화상자가 나타나면 '줄 수'는 [5], '칸 수'는 [1]을 입력한 후 [마우스 끌기로 만들기]를 체크합니다. [만들기]를 클릭합니다.

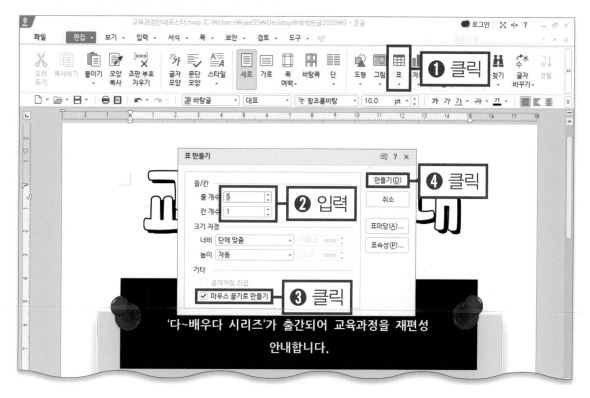

01 아래와 같이 '메모' 이미지 위에 표를 드래그합니다.

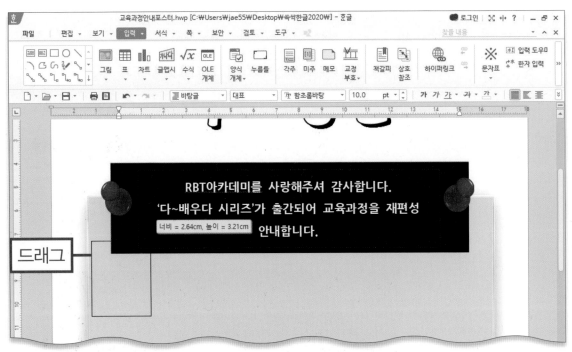

02 2페이지에 표가 나타납니다. 표 안에 내용을 입력합니다.

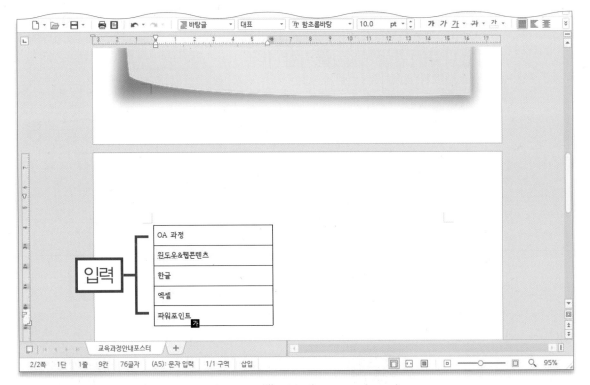

조금 더 배우기

'글자와의 배치', '순서'에 따라 표가 다르게 나타날 수 있습니다.

03 표에 서식을 적용합니다. '글꼴'은 [나눔스퀘어 ExtraBold], '글자 크기'는 [15pt], [가운데 정렬], 첫 번째 셀 색은 [남색(RGB:58,60,132) 25% 어둡게]를 설정합니다.

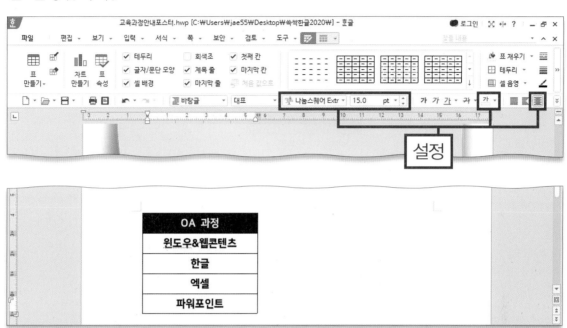

04 표를 선택한 후 더블 클릭합니다. '표/셀 속성' 대화상자가 나타나면 '글자와의 배치'는 [어울림], '가로'와 '세로'는 [종이]로 선택한 후 [설정]을 클릭합니다.

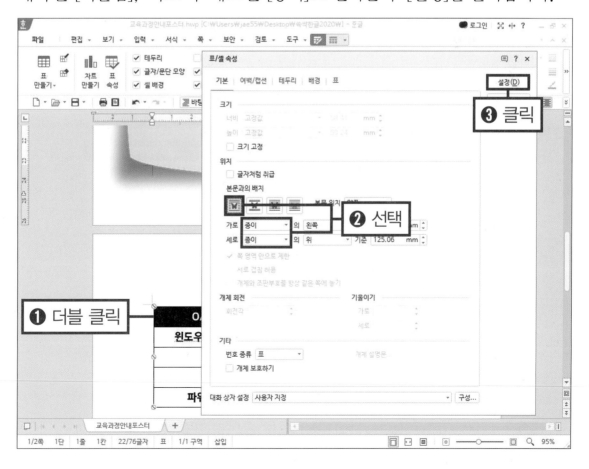

05 작성한 표를 복사하여 아래처럼 배치합니다. 복사된 표에 필요 없는 셀을 블록 설정한 후 마우스 오른쪽 버튼을 누른 다음 [셀 지우기]를 클릭합니다. '…셀을 남겨 둘까요?' 메시지에 [지우기]를 클릭합니다.

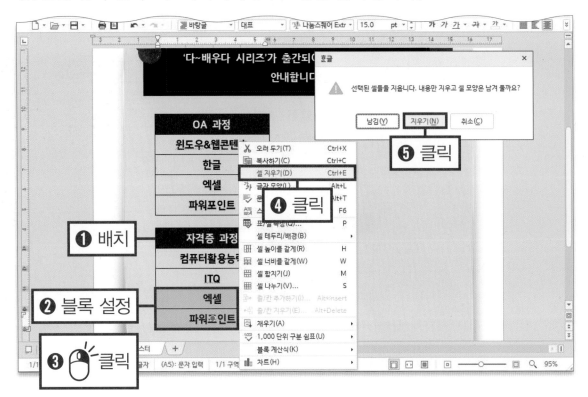

06 동일한 방법으로 나머지도 아래와 같이 배치합니다.

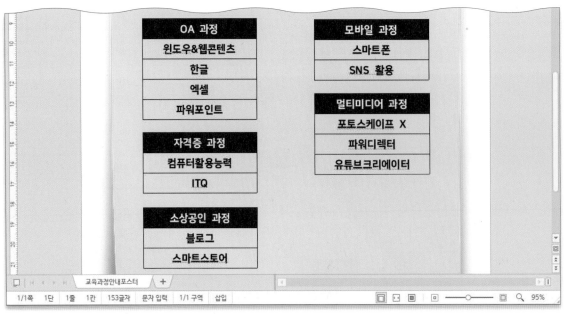

🕭 **조금 더 배우기**

[확대/축소] 또는 Ctrl+마우스 휠 드래그로 화면 크기를 편리하게 조절할 수 있습니다.

그림 삽입하기

01 [입력] 탭에서 [그림]을 클릭합니다. 다운로드받은 [이미지] 폴더에서 [컴퓨터.png] 파일을 선택합니다. [문서에 포함]과 [마우스로 크기 지정]을 선택한 후 [열기]를 클릭합니다.

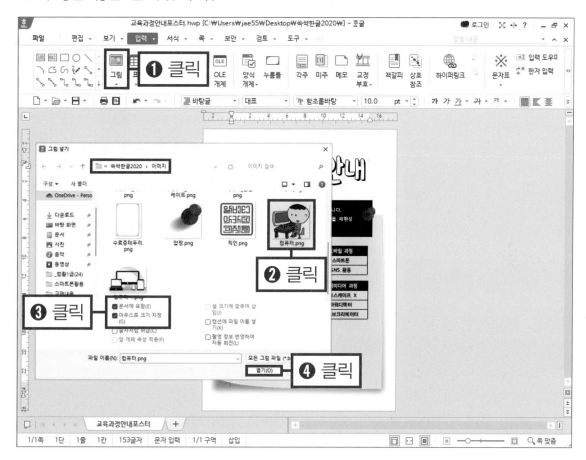

02 문서 오른쪽 아래에 알맞은 크기로 드래그하여 배치합니다.

도형 활용하기

01 배경을 설정하기 위해 [도형]-[직사각형]을 클릭한 후 아래 화면처럼 드래그 합니다.

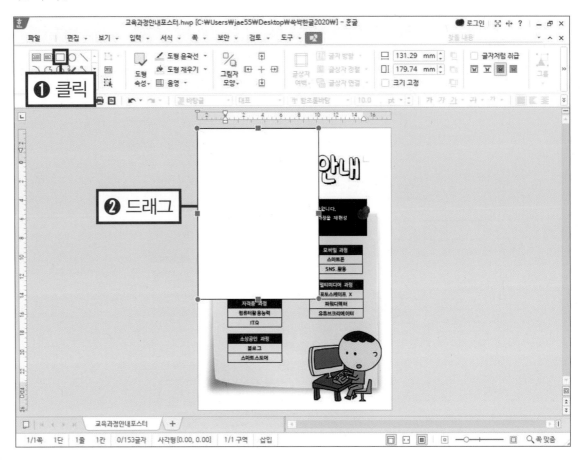

02 직사각형에 색상을 설정하기 위해 [도형]의 [도형 윤곽선]은 [없음], [도형 채우기]를 클릭한 후 [다른 채우기]를 클릭합니다.

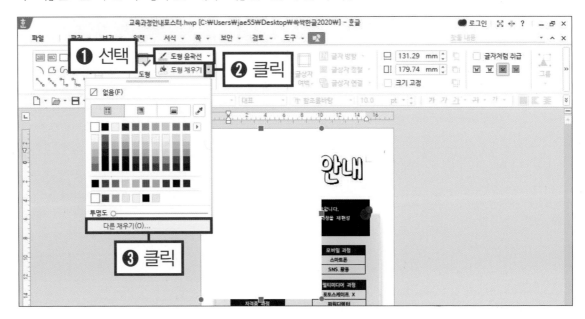

03 '개체 속성' 대화상자에서 [그러데이션]을 선택한 후 [유형]을 [가로]로 선택합니다.

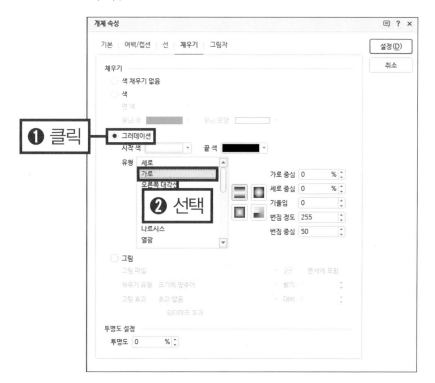

조금 더 배우기

'방향'과 '기울임' 등을 수정하여 색상 배치를 다르게 나타낼 수도 있습니다.

04 '시작 색'은 [하양(RGB:255,255,255)], '끝 색'은 [색 골라내기](🖋)를 클릭한 후 '컴퓨터.png' 이미지의 모니터 색을 클릭합니다. [설정]을 클릭합니다.

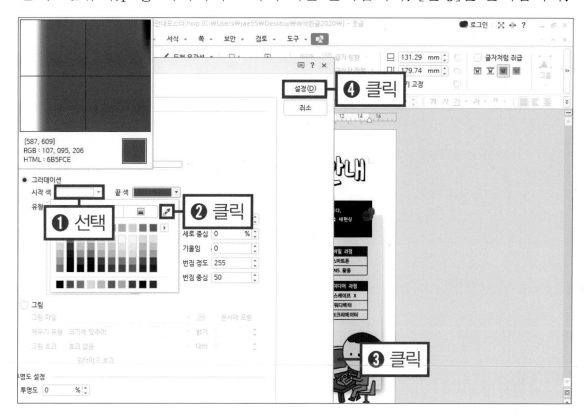

05 그러데이션이 설정된 직사각형을 종이 크기에 맞춰 조절합니다. 모든 개체가 직사각형 뒤에 가려져 보이지 않습니다.

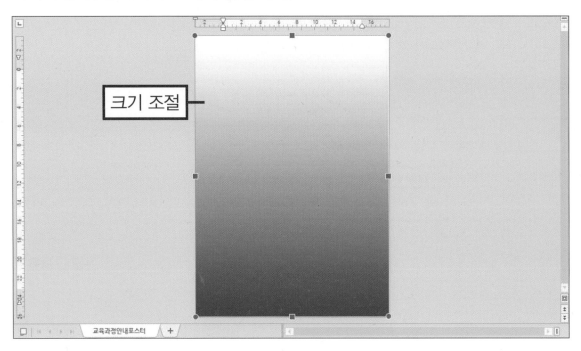

06 직사각형이 선택된 상태에서 [도형] 탭의 '글자와 배치'를 [글 뒤로]로 선택합니다. 그러데이션이 적용된 배경이 완성되었습니다.

조금 더 배우기

배경 직사각형이 자꾸 선택된다면 [개체 보호하기]를 설정합니다.

07 [가로 글상자]를 클릭한 후 왼쪽 맨 아래로 드래그합니다. 'RBT아카데미'를 입력합니다.

08 투명한 글상자로 설정하기 위해 글상자를 클릭한 후 '도형 윤곽선'은 [없음], '도형 채우기'는 [없음]을 각각 선택합니다.

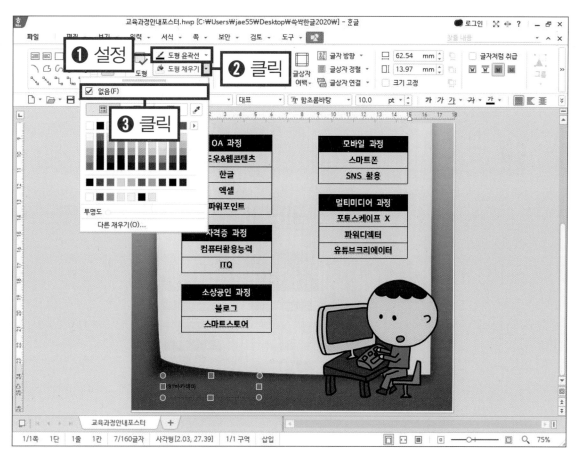

09 [Alt]+[L]을 눌러 '글자 모양' 대화상자를 불러옵니다. '기준 크기'는 [25pt], '글꼴'은 [CookieRun Bold], '자간'은 [20%], '속성'은 [외곽선], '글자 색'은 [하양(RGB:255,255,255)]를 선택합니다. [설정]을 클릭합니다.

10 완성된 문서를 확인합니다. 인쇄하기 전 [파일]−[미리 보기]를 클릭하여 문서를 확인한 후 [인쇄]를 클릭합니다.

쓱 하고 싹 배우는 한글2020

1판 1쇄 발행 2024년 9월 10일

저 자 | 김재연
발행인 | 김길수
발행처 | ㈜영진닷컴
주 소 | 서울특별시 금천구 디지털로9길 32 갑을그레이트밸리 B동 1001호
등 록 | 2007. 4. 27. 제16-4189호

ⓒ2024. ㈜영진닷컴

ISBN 978-89-314-7749-8